# 日本語の「わけだ」文の研究

# 日本語の「わけだ」文の研究

宋洙珍 著

# 序　文

　日本語は話し手の心的態度を表すモダリティ形式が多様である
が、そのうちの1つである説明のモダリティを表す「わけだ」は外国
人学習者に明確な使い方が提示できずにいる。先行文との関連
づけからその意味が捉えられる「わけだ」は、外国人日本語学習者
において使用上の誤謬が多く発生する。しかし、先行研究では学
習者にとっても十分に理解しやすい見解が示されておらず、正し
い使い方が習得されにくい状況である。

　本書は、外国人日本語学習者が「わけだ」を誤ることなく使える
ようにすることを目指し、「わけだ」の意味に関連する諸要素の分析
から「わけだ」の意味を総合的に記述し、さらには「わけだ」とその
類似形式の意味を捉え、「わけだ」と類似形式との意味関係を記述
した。

　「わけだ」は多様な意味を持ちうるが、広義の観点からして、そ
れらは一つの共通した意味を表すと考え、本書の第Ⅰ部では、先
行研究で派生的な意味と位置づけられ、正確に規定されていない
「わけだ」について総合的な意味を記述した。さらに、第Ⅱ部で

は、「わけだ」と意味的に類似していると言われる「からだ」「はずだ」「ことになる」のような形式と「わけだ」の間における交替可能性と交替した場合の意味関係について記述した。

　本書は、筆者が博士学位論文として提出した「「わけだ」の意味と類似形式」を修正加筆し、それに加えて、雑誌論文として発表したいくつかの論文を纏めて構成したものであるが、その詳細については参考文献として揚げた筆者の既発表論文を参考にされたい。

　「わけだ」については「のだ」との関係を捉えなければならないという難しい問題が残っているが、本書が、不十分でありながら、「わけだ」の研究だけではなく、「わけだ」の教育にも役に立つことを期待したい。

　本書の執筆に際して、指導教授である牟世鍾先生と井口有子・中村有里の両先生に助けられた点が多く、ここに深く感謝の意を表したい。

2022年 8月 1日

宋洙珍

# 目　次

# 序　章

## 1.「わけだ」

　述部を構成する語句(特に文法形式)にはその意味を規定しにくいものがある。「～ので」と「～から」のような理由を表す形式や「～ようだ」と「～らしい」のような推量を表す形式は、意味の類似性からその使い分けを明らかにすることが簡単ではない。つまり、同一の文法範疇に入っていると見なされる複数の文法形式はその意味の違いを明確に規定するのが容易ではない。ましてや外国人学習者においてこのような類似した形式をうまく使い分けるのは極めて難しいことであり、正しい日本語の習得を妨げる大きな要因として働いている。モダリティ形式の中で関連づけを表すとされる「わけだ」や「のだ」においても同様なことが言える。

[1]　　今日大学を卒業した。

　　　明日からは学生ではない{わけだ/のだ}。

[2]　(音がするのが気になってドアを開けると雨が降ってい
る。)それで音がしていた{わけだ/のだ}。

[3]　A　「今度のゼミの発表は鈴木さんよ。」
B　「ああ、だから彼は忙しい{わけだ/のだ}。

[1]～[3]に見られるように、「わけだ」と「のだ」は同じ状況で用いら
れるが、両形式で表す文の意味は同じではない。つまり、文法的
(モダリティ)的な意味は異なっている。しかし、先行研究では、こ
の「わけだ」と「のだ」の使い分けが明らかにされているとは必ずしも
言えない。この両形式の意味の違いを明らかにするためには、ま
ず「わけだ」と「のだ」の各々の意味を規定しなければならないが、
それすら十分に行われているとは思われない。

　外国語としての日本語教育の現場でこの両形式の使い分けが
取り上げられることはほとんどなく、「わけ」にいたっては、日常生
活で多く使われているにもかかわらず、テキストで触れられていな
い場合も多い。韓国の高校の教科書と大学の教養日本語の教材
から調べると、「の」についてもその説明がとぼしいが、「わけ」につ
いては取り上げることも少なく、取り上げてもその内容や説明など
は極めて貧弱である。

　本書は「わけだ」と「のだ」の意味の違いを明らかにするために、
二つの形式の中で、特に外国人学習者に使いづらい形式と指摘
される「わけだ」を考察の対象にする。

　断定助動詞のように話し手の心的態度を表すモダリティ形式

は、常に文脈の中で他の要素との関係から位置づけられるものであり、文脈を正しく捉えない限り、モダリティ形式の意味を究明するのは極めて困難なことになる。前後の文脈からその意味が捉えられる「わけだ」もその一である。

「わけだ」は先行文の関係からいくつかの意味を表し、先行研究では、[4]〜[6]に見られるように、帰結([4])・納得([5])・捉え直し([6])などのように分類している。

[4]　a. 熱もあるし、のども痛い。かぜをひいた*わけだ*。

　　　b. 3時に着いて4時には出た。たった一時間しかなかった*わけだ*。

[5]　あ、鍵が違うじゃないか。なんだ、これじゃ、いくらがんばっても開かない*わけだ*。

[6]　通勤で必要になるまで車に乗っていなかった。ペーパードライバーだった*わけだ*。

このように、「わけだ」文とそれに先行する文との関係から「わけだ」の意味が決められ、「わけだ」は関連づけを表す形式として位置づけられるのである。従って、「わけだ」の意味を規定するためには「わけだ」と関連づけられる文との論理的な意味関係が捉えられなければならないが、一般に「わけだ」と関連づけられる文は「わけだ」文の前に存在する先行文であるため、「わけだ」の意味は先行文との関係から決定されると言えよう。

　「わけだ」の意味を明らかにするためには、「わけだ」とその先行文との関係を捉えなければならないが、次の[7]～[10]のように、「わけだ」文にあるべき先行文がないものもある。

[7]　二時に新幹線に乗る<u>わけだから</u>、五時には大阪に着くでしょう。

[8]　僕はその後も野々村の妹に時々あった<u>わけだが</u>、記憶に一番残っているのはその二度である。

[9]　「そのとき、知らない人に急に話しかけられた<u>わけ</u>、で、びっくりした<u>わけ</u>、で、それからね、……」

[10]　なんでそんなことが言える<u>わけ</u>?

　[7]～[10]は、「わけだ」が用いられる根拠になる対象が明示的に現われておらず、関連づけを表す「わけだ」の意味を規定しにくくしているのである。つまり、「わけだ」にはそれと関連づけられる先行文があるはずであるが、その先行文が明示的ではないため文脈の中から位置づけなければならないものもあり、先行研究では「わけだ」の意味が、ある限られた条件の中で制限的に捉えられているのだと考えられる。しかし、「わけだ」はどの環境で用いられるとしても、「わけだ」が表すべき本来の意味を実現しているはずであり、これらについての考察は「わけだ」の意味を総合的に捉えるために最も重要なことであると考えられる。

　また、帰結・納得・捉え直しなどを表す「わけだ」は、その意味の

14

多様性から類似形式が存在するが、「わけだ」はこの類似形式と言い換えられる場合があり、その意味と条件などについても考察すべきところがある。

[11] a. 鈴木さんが辞職した。部長との関係が修復できなかったわけだ。

b. 鈴木さんが辞職した。部長との関係が修復できなかったからだ。

[12] a. 事故があったのか。どうりで渋滞しているわけだ。

b. 事故があったのか。どうりで渋滞しているはずだ。

[13] a. 本体が1万円で、付属品が3000円か。全部で1万3000円もかかるわけだ。

b. 本体が1万円で、付属品が3000円か。全部で1万3000円もかかることになる。

[11]～[13]に見られるように、「わけだ」は「からだ」「はずだ」「ことになる」などの形式と言い換えられる場合があるが、どのような意味を表す「わけだ」にこういう現象が起こるのか、また言い換えられる形式との間にはどういう意味の差があるのかなどについては詳しい考察がなされていないと思われる。

　本書は、その研究が十分に行われておらず、外国人学習者に明確な使い方を提示できずにいる「わけだ」の意味について、外国語教育の現場で有効に活用できる体系的な意味規定を試みるも

のであるが、そのために「わけだ」を三つ観点から捉えることにする。第一は、先行研究で考察の対象にしていないものを含めて、「わけだ」の意味を総合的に捉えることである。第二は、外国人学習者に使用上の誤謬の多い「わけだ」の類似形式との意味関係を捉えることである。第三は韓国の教育現場で取り上げられている「わけだ」とその韓国訳について捉えることである。特に、第三は韓国の日本語学習者に対する「わけだ」の教育の在り方を提示するためであり、「わけだ」の意味が正しく捉えられていないだけにその韓国訳が正しく行われていないからである。本書はこの三点を考察の対象にして記述する。


## 2. 「モダリティ」と「わけだ」

「わけだ」は関連づけられる対象から導かれる結果に対する話し手の態度を表すものであり、「ムード」あるいは「モダリティ」を表す形式とされている。

日本語における文とは「命題」に「文末の文法形式」が付いて構成されるものであるが、「モダリティ」を表す文は「命題」という客観的な内容を表すものと、「モダリティ」という話し手の主観的な判断・態度を表すものから構成される。「命題」と「モダリティ形式」について、寺村秀夫(1984)、森山卓郎(1989)などは「ことがら」と「ムード」、仁田義雄(1989)などは「言語事態」と「言語態度」というやや異なる

用語で記述している。

　「わけだ」は「モダリティ」を表すと同時に「ムード」を表す形式として挙げられる。寺村秀夫(1984)、森山卓郎(1989)などにおける「ムード」とは、事態の捉え方、文の述べ方を表すモダリティが述語の位置に現れる語類(いわゆる「用言」)の形態に体系的に顕現したものである。「モダリティ」は文論におけるカテゴリーであり、「ムード」は語論における形態的カテゴリーである。つまり、動詞の語形変化に関わるような形態論的な概念から捉えるか、それとも話者の心的態度を表すすべての表現形式に関わるより広い意味論的な概念から捉えるかという違いはあるものの、「ムード」と「モダリティ」という用語は同じ文法範疇の中で論じられる場合があるのである。「わけだ」に関わる「モダリティ」と「ムード」の用語について、本書では、先行研究を引用する場合を除いては、「モダリティ」という用語でもって記述していくことにする。

　モダリティについては、先行研究によって用法からその定義、下位分類までいくつか異なる見方が示されている。本書は、関連づけを表す文末のモダリティ形式である「わけだ」の意味分析に焦点を当てて考察するものであるため、モダリティの定義およびその下位分類については、以下で簡単に触れるに止める。

　「モダリティ」とは、ある命題に対して、話し手が発話時においての心的態度を表す領域、つまり、ある事柄について、話し手がどのように判断、認識し、それを聞き手にどのように伝えるかを述べるものとされる。発話時における話し手の心的態度を表すモダリ

ティのカテゴリーについては、様々な見解が示されている。

　仁田義雄(1989)は、「モダリティとは、現実との関わりにおける、発話時の話し手の立場からした、言表事態に対する把握のし方、および、それらについての話し手の発話・伝達的態度のあり方の表し分けに関わる文法表現である。」と述べ、モダリティの下位的タイプとしてモダリティを二種に分け、それについて次のように述べている。

　　モダリティは、大きく＜言表事態めあてのモダリティ＞と＜発話・伝達のモダリティ＞との二種に分けられる。言表事態めあてのモダリティとは、発話時における話し手の言表事態に対する把握のし方の表し分けに関わる文法表現である。それに対して、発話・伝達のモダリティとは文をめぐっての発話時における話し手の発話・伝達的態度のあり方、つまり、言語活動の基本的単位であるが、どのような類型的な発話―伝達的役割・機能を担っているのかの表し分けに関わる文法表現である。(p.2)

益岡隆志(1991)は、モダリティの中で主観性表現の専用形式である一次的モダリティと、客観化を許す二次的モダリティとを区別して、表現態度を表す表現系モダリティ(文を表現する主体の表現行為そのものに根ざした存在である関係上、客観的対象にはなり得ない純粋に主観的な表現であるため、すべて一次的モダリティ

18

である)と判断を表す判断系モダリティ(表現者の表現時での判断し
か表せないものの他に、客観化を許すものが存在するため、一次
的モダリティと二次的モダリティの両方が関係する)という二分類を
立てて、これをまた、次のように下位分類している。

1)　表現系のモダリティ
　　表現類型のモダリティ(平叙文、疑問文、命令文、など)
　　伝達態度のモダリティ(ね、よ、ねえ、など)
　　丁寧さのモダリティ(です、ます)

2)　判断系のモダリティ
　　真偽判断のモダリティ(だろう、らしい、ようだ、など)
　　価値判断のモダリティ(ことだ、ものだ、べきだ、など)
　　説明のモダリティ(のだ、わけだ)
　　テンスのモダリティ(る形、た形)
　　みとめ方のモダリティ(～ない)
　　取り立てのモダリティ(は、も、ばかり、でも、など)

益岡隆志(1991)は、「わけだ」を「のだ」とともに判断系のモダリティ
の中の説明のモダリティに属する形式として位置づけているが、益
岡隆志(2007)では、この分け方を改め、「判断、発話、特殊なモ
ダリティ」という三分類を立て、「のだ」「わけだ」で表される「説明の
モダリティ」を判断のモダリティと発話のモダリティに跨って位置づ
けられる特殊なカテゴリーであると捉えている。

　益岡隆志(1991)は、説明のモダリティについて、「説明のモダリティとは、当該の文の記述が他の事態に対する説明として用いられることを表すモダリティである」(p.54)と述べているが、益岡隆志(2007)は、説明のモダリティを表す形式として「のだ」と「わけだ」に「ことだ」「ものだ」を加え、四種類のものを挙げている。

　日本語記述文法研究会(2003)は、文の伝達的な表し分けを表すもの(表現類型のモダリティ)、命題が表す事態の捉え方を表すもの(評価のモダリティ、認識のモダリティ)、文と先行文脈との関連づけを表すもの(説明のモダリティ)、聞き手に対する伝え方を表すもの(伝達のモダリティ)という4つのタイプに大分類して、4つのタイプに属する「モダリティ」形式を次のように下位分類している。

　　1)　表現類型のモダリティ
　　　　情報系モダリティ 叙述のモダリティ(平叙文)
　　　　疑問のモダリティ(疑問文)
　　　　行為系モダリティ 意志のモダリティ(しよう、する)
　　　　勧誘のモダリティ(しよう)
　　　　行為要求のモダリティ(しろ、しなさい)
　　　　感嘆のモダリティ(さ!、こと!、なんと、など)
　　2)　評価のモダリティ(べきだ、ものだ、てもいい、など)
　　　　認識のモダリティ(だろう、ようだ、らしい、はずだ、など)
　　3)　説明のモダリティ(のだ、わけだ、ものだ、ことだ)
　　4)　伝達のモダリティ

丁寧さのモダリティ(デスマス体、など)

伝達態度のモダリティ(よ、ぞ、ね、など)

日本語記述文法研究会(2003)は、「説明のモダリティ」について、次のように述べている。

> 文を提示するとき、その文を先行文脈と関係するものとして提示することがある。先行文脈で示された内容の事情や帰結などを提示する場合である。
>
> ・ 遅れてすみません。渋滞した<u>んです</u>。
>
> ・ ここから駅までバスで20分、そこから電車で10分。つまり、30分かかる<u>わけです</u>。
>
> 先行文脈で示された事態の事情や帰結などを提示することで、先行文脈の内容が、聞き手に、より理解されやすくなる。このように、おもに、文と先行文脈との関係づけを表すのが、説明のモダリティである。(p.189)

話し手が先行する文の内容を聞き手に分りやすく説明する、二つの文の関連づけを表す説明のモダリティは、研究者ごとに「説明のムード：寺村秀夫(1984)」、「説明の構造：益岡隆志(1991)」など、やや違う用語で捉えながら、モダリティの下位分類の中のその位置についても少し異なる意見を示しているが、多くの先行研究では、本書の対象である「わけだ」は「のだ」と共に、「説明のモダリ

ティ」を表すものとして位置づけている。

## 3. 本書の立場と構成

### 3.1. 本書の立場

「わけだ」の意味を規定し、また、その類似形式との関係を明らかにするためには、まず、先行研究を検討し、その不十分な部分を捉え直さなければならないであろう。

先行研究は「わけだ」の意味を規定するにおいて、「わけだ」が実質名詞「わけ」に断定助動詞「だ」の付いた形式であるかどうかについて述べている。つまり、「わけだ」を「わけ」から来たものと位置づける立場と、「わけ」とは関係なく新しい意味を持つ一つの断定助動詞と位置づける立場という二つの観点に立って「わけだ」を捉えている。本書は「わけだ」が独立した一つの形式としての文法的な機能を有し、多様な意味を実現する形式であることを認めつつ、「わけだ」は「わけ」から来たものであるという立場を取っている。

先行研究は、関連づけを表す「わけだ」の意味を、先行文との関係から位置づけ、理由か結果を表す帰結・納得・捉え直し、さらには派生の用法を持つものと捉えているが、「わけだ」の文の中には関連づけられる先行文が明示されていないため、その意味を規定しにくいものがある。つまり、先行研究は「わけだ」の意味を、関

連づけの明確な用例を中心にして捉えており、総合的に捉えているものではないのである。本書は、先行研究を踏まえて「わけだ」の意味を捉え直すものであるが、先行研究で捉えられていない「わけだ」の文を考察の対象に入れ、「わけだ」の意味に影響する多様な要素を捉え、より総合的な意味分析を試みる。

　「わけだ」の意味に関する先行研究の捉え方には大きな差がなく、大体においては似たような結果を出していると考えられる。しかし、先行研究は「わけだ」の使い方が多様であるのに、その多様な「わけだ」が一つの意味体系の中で述べられておらず、先行文があり、関連づけが捉えやすいものを中心にした分析が行われているのである。

　「わけだ」の意味は「わけだ」の付いた文と関連づけられる対象(=先行文などの文脈)との関係から決定されるのであるが、先行研究で取り上げられている先行文などの文脈は客体的なものが中心的である。しかし、先行文などの文脈が話し手の中にあり、主体的なものとも言えるものもある。本書は関連づけられる対象についてのより正確な考察に重点を置き、そこから「わけだ」の意味を分析する。

　先行文脈が客体的であり客観的に捉えられるものは、従来の先行研究で充分に述べられており、そのような「わけだ」に関しては先行研究の捉え方の足りない部分を捉え直すことにする。つまり、先行研究で捉えている「わけだ」の意味は先行文脈が客観的に位置づけられるものに限られていると思われるが、これだけでは「わけ

だ」の意味を総合的に捉えることができないのである。本書は、先行文脈が主観的に位置づけられるものを考え合わせることが「わけだ」の意味を総合的に捉えることであると考える。

　「わけだ」は多様な意味を持っており、環境によっては他の形式と置き換えられるか言い換えられる場合がある。先行研究は「わけだ」と類似した諸形式を対象にし、それらの両形式の意味関係を述べているが、本書でも「わけだ」と類似形式との諸関係、つまり、類似点と相違点についての考察を行う。

　「わけだ」は帰結を表し、「ことになる」と意味的な類似性を持っている。また、「わけだ」は理由を表し、理由を表す「からだ」と置き換えられる場合がある。さらに、納得を表す「わけだ」は「はずだ」と類似した意味を表し、両形式が置き換えられる場合がある。しかし、これらの形式は「わけだ」と類似した意味を表し、置き換えの関係にあるのだが、同じ意味を表すのに置き換えられない場合もある。また、類似した二つの形式にはどのような意味の差があるのかも明らかにされていない。「わけだ」が類似形式との言い換えの関係にあることは認められるものの、その形式間の意味関係にはまだ捉えなければならない点があると考えられる。

　本書では、「わけだ」以外の「わけ」の入っている諸形式の検討や「わけ」の史的な考察については触れないことにする。

　本書の各章では先行研究を引用しながら論を進めるが、ごく一般的だと考えられる見解については、その引用を省きたい。先行研究を引用するに当たって、引用文の中の例文やその他の数字・

24

記号などは、例文の前後に合わせ、筆者が任意に附することにする。また、例文の番号は各章ごとに、改めて[1]から振ることにする。

### 3.2. 本書の構成

本書は、先行研究が明確に捉えていないと思われるものを対象にし、また、類似形式との関係から、「わけだ」の意味を捉えるもので、先行研究の分析が論文の多くの紙面を占めることになるが、それはこの論文が先行研究で捉えている「わけだ」の意味を再検討することから論が展開されるからである。つまり、先行研究の捉え方が正しいかどうが、正しくなければ問題はどこにあるのかということを取り上げるものであるから、主に先行研究の引用から分析が行われる。従って、考察の対象になる例文も先行研究で取り上げたものをそのまま使うところが多いが、これは例文をいかに分析するか、つまり、例文についての分析の正しさが問われるからである。例文が何であるのか、どこから持って来たのかということより、その例文の表す意味の分析が記述の核心だということである。

本書は、序章・第Ⅰ部(第1章～第3章)と第Ⅱ部(第4章～第6章)・終章という構成をしているが、第Ⅰ部は「わけだ」の意味、第Ⅱ部は「わけだ」とその類似形式について考察している。以下に各章の内容を簡単にまとめておく。

序章は、1.「わけだ」2.「モダリティ」と「わけだ」3.本書の立場と構成の順になっているが、「わけだ」の意味考察の意義と、説明の

25

モダリティを表す「わけだ」の意味を捉えるために先行文脈に関する考察の必要性などを触れる。

　第1章の「「わけだ」の構造」では、1.「わけ」と「わけだ」の関係、2.「わけだ」の意味に関わる要素という順に述べるが、「わけだ」と関わる従来の概念を踏まえながら、先行研究が、「わけだ」を考察する際に部分的にしか考慮に入れなかった概念を、「わけだ」の枠組みの中で総合的に捉え、「わけだ」の意味を決める要素を分析する。この枠組みを前提にして、従来の研究が例外視してきた表現や明確にしていない表現を取り上げる。

　第2章の「先行研究と「わけだ」」では、まず、先行研究を踏まえながら、そこでの「わけだ」の意味を再検討するのであるが、先行研究としては寺村秀夫(1984)、松岡弘(1987)、奥田靖雄(1992)、横田淳子(2000)とそれ以後の研究を取り上げ、先行研究が提示する「わけだ」の四つの意味、つまり、帰結、納得、捉え直し、その他(派生の用法、など)について考察する。

　第3章の「「わけだ」の意味」では、「わけだ」の意味を総合的に捉えることを試みるのであるが、そのために、先行研究を検討しながら「わけだ」の意味に関わる要素として「先行文」というものについて、より詳しい考察を行う。特に、根拠と帰結の関連づけが話し手の発言や判断による「わけだ」の項目を設け、話し手自身に関する事柄が根拠になる「わけだ」と、相手の話や行為が根拠になる「わけだ」を設定し、これらを含めた「わけだ」の意味をまとめて提示する。

26

　第4章から第6章までの「「わけだ」の類似形式」では、「わけだ」と類似しており、その意味関係が問われる文法形式を取り上げる。第4章では「わけだ」と「からだ」、第5章では「わけだ」と「はずだ」、第6章では「わけだ」と「ことになる」という順に考察する。「わけだ」が理由、納得、結果を表す場合、それぞれ「からだ」、「はずだ」、「ことになる」と言い換えの関係にあると指摘されるが、本書ではこれらの形式が類似した意味を表すのに、言い換えられる場合と言い換えられない場合があることについて、各形式の表す意味を考察し、異なっている形式が表す意味の違いについて述べる。

　終章では各章で捉えた内容を要約し、本書の成果について述べる。

　なお、本書の第1章、第2章、第3章、第4章、第5章は、諸学会の学会誌に掲載されたものを修正・加筆したものである。

# 第Ⅰ部

# 「わけだ」の意味

# 「わけだ」の構造

## 1.「わけ」と「わけだ」の関係

　「わけだ」は「わけ」に「だ」の付いた形式であるが、その意味は単純ではない。「わけだ」は「わけ」に「だ」の付いたものであるから、「分け」の意味を表すという立場もあるが、「分け＋だ」の意味ではなく、「わけだ」が一つのモダリティー形式としての意味を表すという立場もある。つまり、後述するが、「わけだ」は「分け」の持っている意味とは異なる独立した意味を表すという立場があり、「わけ」と「わけだ」の関係を捉える必要があるのである。

　　[1]　私がここに来たわけは君にこれを伝えるためである。
　　[2]　台風が来たのなら、飛行機は飛ばないわけだ。

　[1]は実質名詞としての「わけ」の意味を表すものであるが、[2]

は、[1]のように、実質名詞としての「わけ」が表す意味とは異なる、「わけだ」という一つの文法形式としての意味を表すものである。

「わけ」と「わけだ」の関係は「の」と「のだ」、「こと」と「ことだ」、「もの」と「ものだ」の関係と同じように、名詞か形式名詞に「だ」が結び付いた形式であることに間違いないが、この「わけだ」は「わけ」と「だ」が結び付くことによって新たな断定助動詞としての意味を産み出したのだということである。

「の」「こと」「もの」「わけ」などは節の修飾を受けて形式名詞としての働きをするものである。いわゆる形式名詞というのは、名詞としての具体的な意味は表さず、前の文を受けてそれを名詞相当語句として機能させるものであるが、形式名詞も用いられる範囲が決まっており、種類によってその表す文法的な意味も異なっているのである。つまり、実質的な意味のない形式名詞であるが、文の中では固有の文法的な機能を持ち、多様な意味を実現するのである。いわゆる断定助動詞「だ」と結合した「のだ」「ことだ」「ものだ」「わけだ」などは、それぞれ違う意味の名詞文を作るが、それはこれらの形式が形式名詞としての働きをするとしても、その形式名詞の持っている固有の意味が反映されるからであろう。

形式名詞はそれ自身単独の意味を持たないという捉え方からすれば、形式名詞は助詞・助動詞と同じような働きをするものになるが、形式名詞はそれ自身単独の固有の意味を持っている場合もあるので、助詞・助動詞とは異なるものである。つまり、形式名詞

32

は具体的な意味がなく、修飾する文を名詞化する形式名詞として
の意味と実質名詞としての固有の意味という二つの意味を持って
いると言えるであろう。

　「わけだ」の意味を捉える際、「わけ」という実質名詞としての意味
とそれとは全然関係のない「わけだ」の意味を区別する考え方があ
る。つまり、「わけだ」というのは「わけ」と「だ」が結合したものではな
いという考え方である。実質名詞としての「わけ」の意味がある一
方、その実質名詞としての意味が全然反映されない単純に形式
名詞としてしか用いられていない「わけだ」があるということである。

　「わけだ」の意味を考察するために、まず、先行研究に述べられ
ている「わけ」と「わけだ」の関係から検討していきたい。

　寺村秀夫(1984)は、「わけだ」は、名詞「わけ」に判定詞「ダ」が
ついて名詞的述語を形成しているのではなく、先行する部分(節)
の表すあるまとまった叙述内容が、ある既定の事実からの当然の
帰結であるとして、話し手がさし出す、その話し手の見方を表すも
のであると捉えている。つまり、「わけだ」を一つのまとまりとして見
なしているのである。


[3]　アノトキ所長ガ突然オコリダシタ<u>ワケ</u>ヲ、君ハ知ッテイル
　　　カ。

[4]　……。コレガアノトキ所長ガ突然オコリダシタ<u>ワケ</u>だ。

[5]　これが、この[平家]物語が語りもの文芸として長い生命
　　　を持ち、広い支持を得た<u>わけ</u>である。

33

[6] 信吾は東向きに座る。その左隣りに、保子は南向きに座る。信吾の右が修一で、北向きである。菊子は西向きだから、信吾と向い合っている<u>わけだ</u>。(川端康成「山の音」)

[7] イタリアの電話でよくわからないのは、一般電話が4—7ケタとさまざまあること。わが支局は7ケタだが、時々世話になる外務省新聞課長の机は4ケタの外線だ。4ケタは官庁か大会社に多いが、7ケタに換算すれば、一本で4本分の回線は専用している<u>わけ</u>で、ぜいたくな使い方だと思う。(大西克慣)

[8] (日中戦争の)暗い谷間にころがりころんでいく私の日本。それに対しまして、もし黙っていればね、私もそれを支持するってことになる<u>わけでございます</u>よね。で私はこれはどうしてもね、日本というものがそういう風になったらとんでもないことに、たいへんな日本になってしまうんじゃないかと思いま　してね、そのころから私は反戦争運動の中に入っております。(石垣綾子 ―わたしの自叙伝 NHK教育テレビ、朝日新聞「ビデオテープ」)

[3]〜[5]の「わけ」は実質名詞として使われている「わけ」であり、[6]〜[8]の「わけ」はモダリティ形式として使われている「わけだ」である。[3]〜[5]と[6]〜[8]の「わけ」は、両方とも修飾節を受けているという点で、表面上の形は同じであるが、その意味は異なってい

るのである。寺村秀夫(1984)は、これについて次のように述べている。

> [6]〜[8]のように使われた「ワケダ」は、[……中略……] つまり、これらの文における「ワケダ」は、名詞「ワケ」に判定詞「ダ」がついて名詞的述語を形成しているとはいえない、ということである。
>
> [……中略……]
>
> b.におけるような「ワケダ」は、分析すれば、その判断の主体は、話し手自身であるけれども、ダロウ、ラシイ、ハズダなどの場合と同様、それは文法的な主格補語の形で文中に姿をあらわすことは決してできない。それが、a.のような、名詞句「……ワケ」＋判定詞「ダ」との根本的な相異である。このことは、「ムード」という構文要素の一般的な特徴であるといってよい。(pp.275-276)

寺村秀夫(1984)は、「わけだ」は、名詞「わけ」と判定詞「だ」の結合したものとは根本的な相異があると指摘しながら、「わけだ」を「ムードの助動詞」として捉えている。しかし、「わけだ」を「わけ」と全く違うものとして捉えることは果たして妥当であろうか。

　横田淳子(2000)は「わけだ」について次のように述べている。

　文末表現としての「わけだ」は、論理の筋道を表す実質名詞と

35

しての「わけ」に「だ」がついたものではなく、「わけだ」ひとまとまりで、ある機能をもっていると考えられる。

　　[9]　昨日ね、彼のうちに初めて行った<u>わけ</u>。

[9]のような使い方も話し言葉の中でよく見られるが、これも文末表現の「わけだ」の「だ」が省略されたものであると考えられるので、ここでの考察に含めることとする。

　　　　　　　[……中略……]

「わけだ」の基本的な意味は、二つの事柄の間に筋道や道理があり、一つの事柄から筋道や道理に沿って考えていくともう一つの事柄にたどりつく、もう一つの事柄とはそのような論理をたどっていったところから出てきた帰結であるということを述べるものである。(pp.49-50)

横田淳子(2000)の捉え方は「わけだ」は「わけ」と「だ」の結合ではないということである。しかし、この場合には二つ理解しにくい点が存在する。一つは「わけだ」の意味を実質名詞の「わけ」の持っている意味でもって記述している点である。もう一つは「わけ」と「わけだ」は関係ないと言いながら、「わけだ」の省略形として「わけ」を挙げている点である。横田淳子(2000)によれば「わけだ」は「わけ」と「だ」の結合ではなく、最初から「わけだ」である、つまり、「わけだ」は「わけ」と「だ」に分離できないということであるが、省略であるという捉え方は分離できるということではないだろうか。「わけだ」は「だ」の付いている「わけだ」であるから、「わけ」と違うものであると言いな

がら、「わけ」だけで「わけだ」の意味を実現するというのは矛盾するのではないかと思われる。もちろん、「わけ」を全然違う二つの「わけ」に分ければ矛盾は解消されるかも知れないが、この省略のパターンは語を構成する「わけ」と「だ」の二要素間の切れ目が存在することの傍証であるようにも見られる。

辞書の「わけ」についての記述を見ておきたい。

「日本国語大辞典」には、「わけ(訳)」の意味について、次のように書かれている。

　物事を判断すること。また、その判断した内容。
① 物事の違いなどを判別すること。区別。違い。
② 物事の違いなどを判別すること。
③ 物事の道理。すじみち。
④ 事情や理由。原因やいきさつ。
⑤ 特に、事情やそのいきさつ。また、色の道に通じていること。
⑥ 遊里の慣習や作法。
⑦ 「…わけにはいかない」「…わけではない」などの形で形式名詞のように用いる。…ということ。…ですませるということ。

また、「広辞苑第三版」には「わけ(訳)」の意味について、次のように書かれている。

(「分け」の意)

❶ 事を分けて明らかにした、物事の筋道

　① 条理。物の道理。

　② そうなるべき事情。子細。

　③ 男女間の事情。恋のいきさつ。

　④ どうしてそうなるかという筋道。物事の理由。

❷ 意味。

❸ 口調で次のように慣用的に使う。

　① 「訳はない」「訳もない」の形で、取り立てて述べるほど
　　の事由のない、大した事でない、やさしいの意。

　② 「…訳だ」などの形で判断を幾分やわらげ、…ということ
　　になるはずだという気持を添える。

　③ 「…訳に(は)いかない」の形で、…する筋道ではな
　　い、…できないの意。

上に見られるように、辞書には「わけ」の意味を、実質名詞としての意味と、その他の形式と結合した時のいわゆる形式名詞としての意味とに二つに分けて記述している。しかし、「わけ」と「わけだ」を異なる項目として扱ってはいないのである。「わけ」と「わけだ」が全然違う意味を実現するものであるとすれば、「わけ」と「わけだ」は異なる項目として立てるべきではないであろうか。

　永谷直子(2002)は、寺村秀夫(1984)、横田淳子(2000)とは多少違う見方を述べている。

「わけだ」においては「わけ」が実質的意味を持っているのに対し、「の」は完全に実質的意味を失っている点が、両者の異なりを生む大きな要因であると考える。(p.101)

[……中略……]

ある一つの事態を捉えたとき、同時にその相対する事態の内容を意識するという、一連の意識が、実質名詞「わけ」の性質から生み出されるといえる。よって、「わけ」が形式化し、先行文との関係付けの機能を担った「わけだ」によって示されるのは、ある事態をP(/Q)と捉えたときに必然的に相対関係にあるQ(/P)が意識されるといった、先行文と「「わけだ」を伴う文」との間の必然的関係である。(p.105)


永谷直子(2002)は、「わけだ」は「わけ」の実質名詞の意味を持っている「形式名詞＋だ」の構造を持つとし、この実質名詞「わけ」はさらに「わけだ」の前後文の間の必然的な関係を生み出すと述べている。

　山口佳也(2011)は「「わけ」の意味と「わけだ」の意味」のところで次のように述べている。


　今問題としている「わけだ」が、本来、形式名詞「わけ」に助動詞「だ」の付いた形であることは言うまでもない。しかし、寺村秀夫(1984)などが、これを一体化の進んだ形として全体で一つの助動詞の扱いとして以来、その考え方が一般化してきて

いるようである。

[……中略……]

寺村は、実質名詞「わけ」の意味を確認しようとして、一国語辞典の意味項目を並べるだけにとどめているが、森田良行(1981)や『日本国語大事典　第二版』(小学館2002年)によると、「わけ」は、元、動詞「わける(分)」の連用形の名詞化したものであるという。とすれば、「わけ」は、「ある事態について、事を分けて(詳しく)とらえ直したところの、その内容(理屈)」といったところが本来の意味であったと言えるのではないか。現に、「内訳」などの「わけ」は、その意味に通じるものをもっているように思われる。この見方によれば、「理由」以下の意味あいは、それが特殊化して二次的に生まれてきたものと位置づけられることになるであろう。(pp.126-127)

山口佳也(2011)は、「わけだ」の部分の一体化が進んでいることを認めながらも、その「わけ」になお実質名詞「わけ」とのつながりが残されていると捉えている。これは「わけ」と「わけだ」が全く異なる意味を実現するものではないということを意味するであろう。

　様々な名詞が形式名詞として用いられており、また、その形式名詞はそれぞれ異なる意味を表している。各形式名詞が異なる意味を表すのは、形式名詞が実質名詞として持っているその実質的な固有の意味を維持しているからではないであろうか。名詞が形式名詞として用いられるとしても、形式名詞は実質名詞の意味を

実現するのであると考えるのが自然であろう。形式名詞の意味が
抽象的なものになるとしても、その抽象的な意味は、実質名詞の
中心的な意味から派生したものとみるのが妥当なのではないかと
いうことである。

　「わけだ」を「わけ」とは全然関係のないものであるとする捉え方は
自然ではないと思われる。「わけ」の意味を具体的な意味だけに限
定せず、抽象的なものにまで拡張するとすれば、「わけだ」の意味
は「わけ」と「だ」の結合で十分説明可能になるであろう。つまり、
「わけ」の意味に、「わけだ」が表す抽象的な意味を付け加えれ
ば、「わけ」という語が持つ包括的な意味の記述が可能になるであ
ろう。形式名詞というのは本名詞の意味が抽象化し、形式化した
ものであると見なすべきではないであろうか。

　本書は「わけだ」の意味分析が目的であるため、「わけだ」の形
態論的な分析には直接的には影響されない。つまり、「わけだ」が
「わけ」と「だ」の結合であろうとなかろうと、「わけだ」の意味分析に
は直接関係しないが、本書では、「わけだ」の意味は、結局「わけ」
と「だ」の意味結合でしかないという考え方を取りたい。形式名詞と
いうのは、その名詞の実質的な意味の一部であると考えたい。


## 2. 「わけだ」の意味に関わる要素

　「わけ」に「だ」の付いた形式である「わけだ」は、前の文の修飾を

受けてモダリティという文法的な機能をもつ名詞文を作るが、先行研究の指摘にもあるように、ある一つの文法形式として働き、「わけ」の持っている実質名詞的な意味から産み出された、それ固有の意味を表すものと考えられる。「わけだ」の文法的な意味を規定するためには、「わけだ」の文の構造を捉え、その意味に影響する要素を分析する必要があるであろう。

　「わけだ」は実質名詞「わけ」が持っている意味との関係からその文法的な意味領域も決まるだろうと考えられるが、そうだとしても「わけだ」の文法化が進んでいる以上は、「わけ」とは関係のない意味を実現する場合もあるであろう。従って、文法形式としての「わけだ」についてはその意味が決定される過程を捉えなければならないが、そのためには「わけだ」の用いられる文の構造を分析する必要があるであろう。つまり、「わけだ」に影響する要素を詳しく分析しなければならないと思われる。

　一般に「わけだ」は関連づけを表すものであると位置づけられるが、関連づけというのは前の文の修飾を受けた「わけだ」の文が他の要素、即ち、文脈とどういうふうに関係しているのかということであるが、その関連づけから「わけだ」の意味が決められるということである。つまり、関連づけられる文脈が「わけだ」の意味決定に影響を及ぼすということである。従って、「わけだ」の意味を分析するためには関連づけられる文脈の正しい位置づけが先行されなければならないであろう。

[10] 団体割引があるから、20人になれば入場料が安くなる<u>わけだ</u>。

[11] 秋になって気温が10度以下になると、木の葉が紅葉する<u>わけだ</u>。

関連づけを表す「わけだ」は一般に先行文という文脈があり、それとの関係から成り立つものであるが、「わけだ」は先行文と「わけだ」の文の関係の在り方によって多様な意味を実現するのである。[10]と[11]の「団体割引がある」と「秋になって気温が10度以下になると」が「20人になれば入場料が安くなる」と「木の葉が紅葉する」を「わけだ」というモダリティとともに導き出す先行文である。また、この「わけだ」の意味も前後する二つの関係から決められ、[10][11]の「わけだ」が帰結を表すと位置づけられるのである。

[12] そのドラマは八時に始まる<u>わけだ</u>から、今なら間に会う。

[13] 九時に出発する<u>わけです</u>から、八時までに集まってください。

[14] 直接言えば済む<u>わけだ</u>が、遠慮もあって、なかなかそう簡単にはいかない。

「わけだ」の文は先行文との関係から捉えられるものであるから、先行文の位置づけは「わけだ」の意味体系を立てる上で最も重要な

要素であると思われる。ところで、先行文というのは必ず「わけだ」の文の前に存在するものと考えられがちであるが、実は、[12]〜[14]に見られるように、先行文が存在しない場合もある。「わけだ」の意味は先行文との関連づけから捉えられるものであるのに、先行文が現われていない「わけだ」はどう位置づけられるのかということになるが、つまり、先行文のない場合の「わけだ」の関連づけに関する分析が必要であるということである。先行研究では主に先行文が存在する場合の「わけだ」についての意味分析が行われている。先行文があっての「わけだ」というふうに言えるであろうが、実際においては先行文が明示的に現われていない場合があり、この場合の「わけだ」の意味をどう捉えるかという問題が出てくるのである。「わけだ」の意味を総合的に捉えるためには、関連づけを表す「わけだ」にとって先行文というのはどういうものなのかということを明らかにしなければならないであろう。

　「わけだ」は多様な意味を表すが、これは「わけだ」の文とそれに影響を与える要素、即ち、先行文脈との論理的な関係の多様さによるものであろう。いわゆる「P」という「わけだ」の文と関連づけられる先行文と、「Q」という「わけだ」を修飾する文との論理的な関係が「わけだ」の意味を決定するのである。

　従って、「わけだ」の意味を捉えるためには、まず「わけだ」の意味の決定に関わる要素として「P」と「Q」の論理的な構造を捉えなければならないであろう。さらには、「わけだ」の意味を規定するのに必要な関連づけの要素、即ち、「P」と「Q」の関係構造、特に「Q」

の根拠になる「P」については詳しく捉えなければならないであろう。

しかし、「わけだ」が多様な意味を表し、その意味が明らかにされていないものが多いのは、先行文との関連を正しく捉えられないからでもあるであろう。

[15] いつかはみんな年を取る<u>わけだから</u>、年寄りは大事にすべきだよ。

[16] 戦争は大きな犠牲を伴う<u>わけで</u>、我々は、何としてもこれを避けなければならない。

[17] 今までは、同世代の人々を中心とした社会に生きてきた<u>わけですが</u>、これからはいろいろな世代の人々とつき合う必要が出てきます。

先行文に相当する内容が文として現われていなくても、関連づけられる対象が予想される場合があるが、そのようなものはわざわざ先行文として述べる必要はないのである。[15]の「いつかはみんな年を取る」、[16]の「戦争は大きな犠牲を伴う」、[17]の「今までは、同世代の人々を中心とした社会に生きてきた」というのは、すべて、それ自体が一般的な事実であり、その根拠になるものにわざわざ触れなくても、前提条件として認められるものであろう。つまり、一般的な事実から関連づけられる「わけだ」であるということで、このような「わけだ」の文には先行文がなくても、当然な帰結を

表すものとして位置づけられるのである。

　しかし、次の「わけだ」の文は関連づけられる先行文を位置づけにくいものである。


　　　[18]　達朗　「なあ、あや子。オレたちもう、つきあい始めて2
　　　　　　　　　　年半だよな。よく続いたよなあ。そろそろ、ちゃ
　　　　　　　　　　んとした恋人として親や友達に紹介したいんだ。
　　　　　　　　　　いいだろ?」

　　　　　あや子　「達朗、ナニ言ってんの? え? あたしたちって恋
　　　　　　　　　　人同士なわけ? 知らなかった。そんなこと確認し
　　　　　　　　　　あったことなかったと思うけどなあ。そんなこと勝
　　　　　　　　　　手に決めないでよ。」

　　　　　達朗　「オマエ、ナニ言ってんの? じゃ、ナニ? オレ
　　　　　　　　　　は、いったいオマエの何だったわけ? オレた
　　　　　　　　　　ち、ただの友達だったってわけ? なんだよ、そ
　　　　　　　　　　れ。わかったよ。もういいよ!」

　　　[19]　　渉　「今度の日曜、鳥見に行くけど、来るか?」

　　　　　　リカ　「ううん、私はいいわ。でも先週も行ったんだから、
　　　　　　　　　　この週末くらいは映画でも行こうよ。家でツイン
　　　　　　　　　　ピークスのビデオ見るのもいいんじゃない?」

　　　　　　渉　「ダメ。もう予定たてちゃったんだ、ビデオ見るな
　　　　　　　　　　ら一人でもいいだろ」

　　　　　　リカ　「どうでもいいけど、私は一体なんなのよ。こん

　　　　　なにほっとかれて、一　　人で好きなことばかりし

　　　　　て。私といるより、鳥見てる方が楽しいって<u>わけ?</u>」

[20]　私は古本屋めぐりが好きで、暇があると古本屋を回って

　　　は掘り出し物を探している<u>わけですが</u>、このごろはいい

　　　古本屋が少なくなってきたので残念 に思っています。

[21]　私、国際交流関係のボランティア活動はすでに10年近

　　　くやってきている<u>わけでして</u>、自慢じゃありませんが、み

　　　なさんよりもずっと経験はある<u>わけです</u>。


これらはPとQの関連づけが話し手の発言や判断による「わけだ」で

あるが、この文の「Q」も「P」があっての「わけだ」であると考えられ

る。[18]と[19]は対話の文でよく現われるものであるが、これは相

手の言語や行動などが話し手の発話の根拠になっているものであ

ると考えられる。[20]と[21]は話し手が自分自身のことを述べる場

合に用いられるものであるが、この「わけだ」は話し手が自分の何

かを根拠にして発言したものであると考えられる。先行研究では

[20]と[21]についての記述があまりなく、ただ、確かな立言である

こと強調すると述べているが、これらの文も根拠になるものがあっ

ての帰結の表現であって、異なるのは関連づけの仕方であると考

えられる。一般的な「わけだ」の「P」と「Q」の関係は客観的なもので

あるが、つまり、「P」が客体的なものであるが、これに対して、

[20]と[21]は、「P」と「Q」の関係が捉えにくく、「P」が客観的な事実

であっても、それが話し手の中にあり、外に知られない限り、話し

手しか知らないものである。つまり、[20]と[21]の「わけだ」は「P」と「Q」の関係が主観的に位置づけられるものであると考えられる。

　「わけだ」の意味を捉えることは「P」と「Q」の関係を明らかにすることであるが、「P」と「Q」の関係には客体的なものもあれば、主体的なものもあり、それを正しく捉えるのが「わけだ」の意味分析であろう。

　「わけだ」の意味に関わる要素は先行文「P」と「「P」と「Q」の関係」であるが、「P」については明示的な文として存在しない場合をも考慮に入れることが重要で、「「P」と「Q」の関係」は客体的な場合と主体的な場合を捉えることが、「わけだ」の意味を総合的に位置づけることであると考えられる。これについては第四章で詳しく捉えることにする。

# 第2章

# 先行研究と「わけだ」

## 1. 問題設定

　「わけだ」は表現内容に対する話し手の断定の気持ちを表すものである。この「わけだ」の意味はPとQの関係から捉えられるが、先行研究では主にPとQの関連づけが明らかなものを対象にしてその意味を捉えている。モダリティ形式の意味は文脈の中で捉えられるが、しかし、「わけだ」の文は文脈が明確でない場合もあり、その意味が正しく捉えられないものも少なくない。

　まず、「わけだ」についての代表的な先行研究からその意味を提示し、第三節以下では主な先行研究を取り上げながら、「わけだ」の意味を再検討し、先行研究が述べている「わけだ」の意味をまとめることにしたい。

　「わけだ」の意味に関する先行研究は多くあるが、多くの研究に影響を及ぼす初期の研究者としては寺村秀夫(1984)が挙げられ

る。寺村秀夫(1984)は「わけだ」を三つに分けて捉えている。それをまとめると次のようになる。

[1]　ところで、桑原武夫氏の「人間兆民」にある家族関係で、「ちの」が松沢吉宝の姫「わい」の私生児となっているのは、この原薄を見る限り間違いで、「わい」は吉宝の姪ではなく、亡姉であり、「ちの」はそのわいの私生児ですから、「ちの」が吉宝の姪にあたる<u>わけです</u>。(松本清張「火の虚舟」)

[2]　飛田門太はたいそう酒が好きである。よく世間で朝、昼、晩に飲むということを聞くが、彼のばあいは朝昼晩の三度に飲むのではなく、朝昼晩へ糸を通して輪に結んだかたちである、これをわかり易く云えば、眠るときのほか一日じゅう飲んでいる<u>訳だ</u>。(山本周五郎「真説吝嗇記」)

[3]　「しかし、その道はいま遣っていませんね?」
　　「遣う道理はありません」と郷土史家は私をあわれむようにみた。
　　「それは人が険阻な山を草を分けて通っていたときの話です。のちに大和に中央政権が出来、海岸沿いの政治道路が完成すると、必要はなくなった<u>わけです</u>。塩は、そういう政治道路からいくらでも奥地に供給されるようになりましたからね。馬や牛による荷運びが発達し、

そのためには迂回しても川沿いの路がとられた<u>わけで</u>
<u>す</u>。もう人が難渋して歩く最短距離は必要がなくなった
<u>わけです</u>。(松本清張「陸行水行」)

　　　　　　　[……中略……]

（ⅰ）あるQという事実に対し、なぜそうなのかを説明するため
　　　に、明らかな既定の事実Pをあげ、そこから推論すれば
　　　当然Qになる、ということをいう言い方。「……コトニナル」
　　　と言いかえができる。

（ⅱ）Pという聞き手に身近な事実をあげ、その事実は、ある
　　　角度、観点から見るとQという意味、意義がある、という
　　　ことを聞き手に気づかせようとする言い方。「言いかえる
　　　と……」というぐらいの軽い感じの場合もある。

（ⅲ）P→Qという推論の過程は示さず、Qということを、自分
　　　がただ主観的にそう言っているのでなく、ある確かな根
　　　拠があっての立言なのだということを言外に言おうとする
　　　言い方。乱用すると独善的な、押しつけ的な印象を与
　　　える。


上に見られるように、寺村秀夫(1984)は「わけだ」を[1]～[3]のよう
な3種類に分けて、その意味について、それぞれ（ⅰ）（ⅱ）（ⅲ）のよ
うに捉えている。寺村秀夫(1984)の捉え方は大筋においては概ね
認められながら受け継がれているが、特に、(ⅲ)で記述されている
[3]のような「わけだ」はその意味が明らかではなく、より詳しい考察

が必要であると思われる。

横田淳子(2000)は「わけだ」の意味を寺村秀夫(1984)より細分して五つに分けて捉えている。それをまとめると次のようになる。

(1) 帰結用法1―結果

[4] 波がずいぶん荒いですね。台風が近づいている<u>わけですか</u>。

(2) 帰結用法2―原因・理由

[5] 波がずいぶん荒いですね。今日は船を出せない<u>わけですか</u>。

(3) 納得用法

[6] 彼はアメリカに行ったんだって。どうりで、最近みない<u>わけだ</u>。

(4) 捉え直し用法

[7] 波がずいぶん荒いですね。海水浴シーズンも終りというわけですか。

(5) 派生用法

[8] 台風が近づいている<u>わけだ</u>から、つりは無理だろう。

横田淳子(2000)は、以上のように「わけだ」の意味を五つに分けている。横田淳子(2000)は寺村秀夫(1984)の(ⅲ)に当たる意味(5)を(1)〜(4)から派生したものとして捉えているが、その具体的な意

味は記述せず、「派生」という具体性のない用語で記述するだけに
止まっている。

　先行研究では「わけだ」の意味をそれぞれ違う用語で捉えている
が、おおよそ三つから五つにまとめることができるであろう。

　以下、本書では「わけだ」の意味を四つに分けて述べることにす
る。


[9]　a. 体重を測ったら52キロになっていた。先週は49キロ
　　　　 だったから、一週間で3きロも太ってしまったわけ
　　　　 だ。

　　　b. 彼女は猫を3匹と犬を1匹飼っている。一人暮らしで
　　　　 寂しいわけだ。

[10]　あ、鍵が違うじゃないか。なんだ。これじゃ、いくらがん
　　　 ばっても開かないわけだ。

[11]　彼は大学へ行っても部室でギターの練習ばかりしてい
　　　 る。要するに講義にはほとんど出ていないわけだが、そ
　　　 れでもなぜか単位はきちんと取れているらしい。

[12]　私、国際交流関係のボランティア活動はすでに10年近
　　　 くやってきているわけでして、自慢じゃありませんが、み
　　　 なさんよりもずっと経験はあるわけです。そういう立場の
　　　 者としてご案内させていただいているわけです。


[9]～[12]のように、「わけだ」の意味は四つに分けることができる。

[9]の「わけだ」は、先行する文からの自然な成り行き、必然的に導き出される結論を表すものであるが、それを細かく分けると、a.は結果、b.は原因や理由を表すものになる。[10]の「わけだ」はある状況においてなぜそうなのかと不思議に思っていたことから、その原因と結果を自分で気づき、あるいは他人から聞き、それを納得する気持を表すものである。[11]の「わけだ」はある事柄について同じ事柄を捉え直して表すものである。[12]の「わけだ」は、自分の述べることが論理的な根拠のある事実だということを主張・強調する意味を表すものである。[12]は、[9]～[11]とはその意味関係(PとQの関係)が多少異なっている。

　[9]～[11]の「わけだ」は、その意味規定が明確でないところがある。また、[12]に当たる寺村秀夫(1984)の(ⅲ)と横田淳子(2000)の「派生用法」は、記述内容や用語からその意味が分かりにくく、より詳しい考察が必要であると思われる。[12]のような「派生用法」の「わけだ」はその種類が多く、よってその意味を捉えることも簡単ではない。先行研究では、[9]～[11]とその意味が異なっている[12]のような「わけだ」が、全部一つの同じ意味を表すものと位置づけられており、この捉え方からでは「わけだ」の意味を正しく理解することができない。

　本書は、まず、「わけだ」に関する重要な先行研究を取り上げ、「わけだ」がどのように研究され、どのような意味として捉えられてきたのかを検討し、それを踏まえて「わけだ」の意味を捉え直し、それをより詳細に規定することを試みる。

# 2. 先行研究とその検討

「わけだ」に関する先行研究は、主に「わけだ」とその前後に位置
する文との関係からその意味を捉えようとしている。つまり、「わけ
だ」の意味は文脈の中で規定されるが、その文脈がある場合もあ
れば、ない場合もあり、先行研究では「わけだ」の意味が総合的に
捉えられていないと思われる。

寺村秀夫(1984)は、多くの先行研究において言及されており、
「わけだ」の研究の出発点とも言われ、本書でも、寺村秀夫(1984)
から松岡弘(1987)、奥田靖雄(1992)、横田淳子(2000)などを先
行研究として取り上げることにする。他の研究については、第三節
の「わけだ」の意味を考察する際に、これらと合わせて検討してい
きたい。

## 2.1. 寺村秀夫(1984)

寺村秀夫(1984)は、「わけだ」は、先行する節の表すあるまと
まった叙述内容が、ある既定の事実からの当然の帰結であると
し、話し手がさし出す、その話し手の見方を表す「ムードの助動詞」
と見、「わけだ」を三つの用法に分けて捉えている。

第一の用法は、寺村秀夫(1984)が典型的、あるいは中心的な
「わけだ」の意味として捉えようとしているものである。

　　　　一般的な形でいうと、Qワケダは、一つ、あるいはいくつか

の、既に事実として確認されている事柄($P_1$, $P_2$, $P_3$, …)からの当然の帰結としてある事柄($Q$)がある、ということを言おうとする用法である。

    [13]　の例でいえば、

        信吾は東向きに坐る ……………………………………… $P_1$

        その左に保子が南向きに坐る ………………… $P_2$

        信吾の右に修一が北向きに坐る ……………… $P_3$

        菊子は西向きだ ………………………………………… $P_4$

        → (当然の論理的帰結→)菊子は信吾と向い

          合っている

        → 「菊子は……信吾と向い合っているわけだ。」

        (p.277)

寺村秀夫(1984)は、第一の用法は、ある事実についてどうしてそうなのかという問いに対して答えようとする心理が引き金になっていると述べている。寺村秀夫(1984)は、この用法は「ことになる」と置き換えができると指摘しているが、それには多少の検討の余地があり、これについては第6章で詳しく述べることにする。

  寺村秀夫(1984)は、第二の「わけだ」について、「ある事実Pを、ある角度、視点、尺度から見ればQとなる、あるいは、Pは、Qという意味をもっている、ということを言おうとするのが「わけだ」の典型的な使いかたの第二である」と述べている。

[14] 破格の低料金でニューヨーク―ロンドン間を飛ぶレイ
　　カー航空の"空飛ぶ通勤列車"スカイ・トレーンの一番
　　機が二十六　目夜、ニューヨークのケネディ国際空港を
　　飛び立った。片道　運賃は約二万八千円で、他社の六
　　割五分引き。米国と欧　州との間がまた近付いた<u>わけだ</u>
　　が、これは米英航空業界の　ダンピング合戦の始まりで
　　もある(朝日新聞1977.9)

[15] 労働省では、「職員は七月二十日から九月十日までに
　　連続一週間の夏休みをとるように」と大臣のおふれが出
　　たが、その通りに休んだのは、若い男子職員や女子職
　　員に多く、局長や課長クラスは、せいぜい連続2日程度
　　とか。
　　夏休みに対する考え方にも世代の差が現れている<u>わけ
　　だ</u>が、最近の激しい経済の動き、ビジネス社会の変動
　　などを考　えると、余暇時代とは言ってものんびり夏休み
　　などとってはいられない、と思っているサラリーマンも少
　　なくないようだ。(日経1971.9)

[……中略……]

[14]では、「空港運賃の値下げ」(P)→「距離の短縮、関係の
緊密化」(Q)、[15]では、「若い職員は通達どおり夏休みを
とったが、管理職は一,二日だけ」(P)→「考え方の世代差」(Q)
というように、筆者はPという事実を報ずるだけでなく、それに
Qという解釈を加えて提出しているのである。(p.280)

寺村秀夫(1984)は、第二の用法は「言い換えると」「要するに」というぐらいの軽い気持で使われることも多いと述べている。しかし、前の文の言い換えであるという捉え方は、考えようによっては「結果」の意味にも捉えられると思われる。これについては3章で詳しく述べたい。

　寺村秀夫(1984)は第三の「わけだ」について、はっきりした論証を表面に出しているのではなく、ただ、Qということを特に言いたいだけなのだが、＜それには'いろいろ'理由があり、いまそれを一々述べ立てることはしないが、それなりの必然性があるのだ＞ということを暗に示そうという言い方だと述べている。

[16]　(広中)　だいたい数学をやっていると、「バカとコンピューターは使いよう というわけで、コンピューターというのはある面で、バカと同類項なわけなんだ。ところが、数学者というと頭の中に数字がいっぱい並んでいて、何かコンピューターみたいな頭脳を持っていると人は考えるわけなんだ。だけだ、実は真反対なんです。

　　　(有吉)　広中さんの数学の世界には数字があるのですか。

　　　　　　　[……中略……]

　　　(広中)　例えば、ぼくらが論文書く時に、非常に理論的なアイデアとか 構造の変化をどういうふうにと

らえるか、という方法論みたいなものを書く<u>わけ</u>
ね。だけど、その背景には、その理論に到達
するまでいろいろ計算している<u>わけ</u>だけど、自
分でやらなくても、コンピューターを使えば計
算はできる<u>わけ</u>だ。そういう点では、コンピュー
ターというのは非常に有能な召し使いな<u>わけ</u>で
す。だけど、コンピューター自身というのは何
にも創造できない。

[……中略……]

(有吉)　その段階が一番辛い<u>わけ</u>ですね。

(広中)　有吉さんをいま、数学の理論的な面で、使い
たいとするでしょう。それじゃ、「数学をしましょ
う」というときに、まず、技術をつけてもらおうと
考える<u>わけ</u>。そこのところが一番辛くて、つまら
ないところなんだよ。ちょうど自動車の教習所
に通っている時期なんですよ。教習所で落第
すれば、楽しめない<u>わけ</u>で、同じようなところが
数学にもある<u>わけ</u>だ。小説の場合でも、あると
思うけれども。

(有吉)　小説に限らず、文科の学問に関してもある<u>わけ</u>
ですね。

　　　　(広中平祐氏(数学者)と有吉佐和子(小説家)の対話)

(pp.281-282)

寺村秀夫(1984)は、上のような使い方の特徴は、Pにあたる文が
Qの前後に見えないことであり、Qワケだは、事実Pからの論理的
帰結としてQになるという主張を、話し手は相手に言おうとしてい
る、あるいは納得させようとしているのであると述べている。

　「わけだ」の意味は前後の文脈から捉えられるが、第一と第二の
意味についての寺村秀夫(1984)の指摘は概ね認められるが、第
三の意味についての指摘は明らかではないところが多いと考え
る。


## 2.2. 松岡弘(1987)

　松岡弘(1987)は、「わけだ」を正しく用いることは外国人学生に
とって難しいことであり、「わけだ」にまつわる誤用例が外国語とし
ての日本語学習者にたくさん出てくると言っている。さらに、「のだ」
と「わけだ」は、きわめて類似した構造と意味を持つ形式であり、同
一の文脈の中に頻繁に出現、しかもそのかなりの部分が相互に言
い換えが可能だという事実から、同じ環境で使われ得るという点に
着目して「わけだ」を記述しようとしている。

　松岡弘(1987)は、「わけだ」の意味について、基本的に寺村秀
夫(1984)の捉え方と大きく変わらない。但し、寺村秀夫(1984)の
「わけだ」の用法(ⅲ)については多少違う見解を示している。


　　[17] 悦子 「何遍もやってんでしょう?」
　　　　　昌子 「ううん。はじめてよ。何遍もだなんて(あまりす

　　　　れっからしではく、弱気も十分ある)」

悦子　「買えないわけ①?」

昌子　「え?」

悦子　「お金ないから、とるわけ②?

　　　　　　　　　[……中略……]

悦子　「どのくらいとった?」

昌子　「(目を伏せ)はじめてだって言ったじゃない」

悦子　「ずっと見て知ってんのよ。どのくらいとるか、見
　　　　てたのよ」

昌子　「そういうのを見てるわけ③?」

悦子　「客商売だからね。万引するお客さんの研究もし
　　　　てんのよ」

昌子　「へえ」

悦子　「(テーブルのものを指して)こういうもの欲しかった
　　　　わけ④?」

昌子　「特別そういうわけでもない⑤けどね」(pp.5-6)


松岡(1987)は、[17]で①〜⑤の「わけだ」に先行する文が、①と④
と⑤の場合では理由を表し、②と③の場合では結論(帰結)を表す
と捉えている。このように「わけだ」に先行する文が、理由を表わす
場合と結果を表わす場合があることから、①と②をくらべ、次のよう
に述べている。

　　すなわち、「買えないわけ?」というのは、「買えないから、とる
　　わけ?」の「とる」の部分を省略、あるいは言わずに済ませた形
　　であって、②の「お金ないから、とるわけ?」と本質的な違いは
　　ないということである。(p.6)

松岡(1987)は、例文①と②に意味の差がないということを指摘し、
次のように、寺村秀夫(1984)の「わけだ」の用法(ⅲ)を違う見方で
捉えている。

　　このように考えていくと、「わけ」が示しているのは、それに先
　　行する文が理由であるとか、あるいは結果であるとか、といっ
　　たことではなく、
　　　　　　　　　　[……中略……]
　　二つの関係(寺村にPとQの関係とする)を話し手が「ああ、そう
　　ですか」と物事と物事とのつながりを納得する、あるいはそう理
　　解してよいのかと確認するということではないかと思う。
　　　　　　　　　　[……中略……]
　　寺村氏は、PとQの意味的つながりの解明に言葉を多く費や
　　し、先に示した3つのタイプに分類したのであるがPとQの意味
　　関係を伝えるだけでは、先に出たような誤用の生ずる原因を
　　説明しきれないのではないだろうか。(pp.6-7)

松岡弘(1987)は、寺村秀夫(1984)がPとQとの関係から「わけだ」

を捉えようとするのは極めて妥当なことであると述べながらも、「わけだ」の意味関係の提示だけでは誤用が生じやすいと言い、「わけだ」の意味を次のように述べている。

　　「わけだ」において最も基本的なことは、PとQの間に物事と物事とのつながりがあることを話し手が認め、それを納得することである。そして関係を認め、納得することが基本的だから、PとQのいずれかか言わなくても済む(繰り返す必要がない)となれば、Pが消去されてQだけ残り、「Qわけだ」となるか、あるいはQの方が消去されて「Pわけだ」となる。もちろんどちらも消去されず「P(だ)から、Qわけだ」とか、「Pだ。それで(つまり)、Qわけだ」といった形になる場合も少なくない。(p.7)

松岡弘(1987)は「わけだ」を納得という大きな意味から捉え、寺村秀夫(1984)の言う「わけだ」の用法(ⅲ)の中で、Qだけが現れている場合の意味をより分かりやすく述べていると思う。松岡弘(1987)は、次の例1、2を通じて「わけだ」の意味を図式で提示している。

　　例1.　A 「大学の中が静かですね」

　　　　　B 「冬休みに入ったのです」

　　　　　A 「ああ、それで静かなわけですね」

　　　　　　　[冬休みに入ったから、静かな]わけだ。

　　　　　　　　(P、Qのうち、Pを欠く)

　　　例2. B 「大学の中が静かでしょう。どうしてだかわかりますか」

　　　　　A 「さて。あ、わかりました。つまり、冬休みに入った

　　　　　　わけですね」

　　　　　[冬休みに入ったから、静かな]わけだ。

　　　　　　　　　(P、Qのうち、Qを欠く)

上の例に即して言えば、「静かなわけです」と「冬休みに入っ

たわけです」について、前者は結果を、後者は理由を表わす

といった表面的な理解にとどまらないように指導しなくてはなら

ない。どちらも基本的には同じことであり(つまり、PとQの関係

をあらためて理解し、納得するということ)、文として明示する

必要があるか、ないかの部分で差が出たにすぎないことが分

かれば、「わけだ」の構造と意味用法は一元的に理解されるこ

とになる。(pp.7-8)


松岡弘(1987)は、寺村秀夫(1984)の記述を概ね認めながらも、

「わけだ」を把握するにおいてPとQの意味関係の提示だけでは学

習者に混同をもたらしうると指摘し、「わけだ」の最も基本的な意味

把握が重要であると述べている。以上、松岡弘(1987)をまとめて

図式化すると次のようになる。


① P を知って、P→Qの関係を納得する場合→[(P)、Q]わけだ

② Q を知って、P→Qの関係を納得する場合→[P、(Q)]わけだ


64

③　P、Qの関係を話し手の中で未分化、ないしは融合した場合
　　→[－、Q]わけだ

　一方、松岡弘(1993)は、「のだ」との関係から「わけだ」における
PとQの意味関係を次のように三つに分けて捉えている。それをま
とめると次のようになる。

ⓐ　因果関係

[18]　米国にとって牛肉の「自由化」とは文字通り、牛肉が通
　　　常の関税を払うだけでいくらでも入る状態のことだった。
　　　それに対し、日本側はガット　違反の疑いの濃い数量制
　　　限を廃止することと考えていた。従って、ガットで違反と
　　　されていない可変輸入課徴金を導入するのは当然の権
　　　利と　日本側はみなしたわけだ。(朝日、88.5.)

ⓑ　対比関係(対立や肯定・否定)

[19]　「例えば姫路の駅のうどんを食べに行くわけです。ここ
　　　のうどんは中華めんをうどんのダシで食べるもので非常
　　　においしいんですが、往復二時間乗っているあいだに
　　　結構アイデアが出てくるわけです。といっても目的もなく
　　　電車に乗るのではなく、うどんを食べる目的をつくるわ
　　　けですね。」(毎日、93.4.)

ⓒ　表裏関係(言い替えや補充)

[20]　＜八紘一宇＞はいわば由緒正しき言葉で、『広辞苑』に

は「世界を一つの家とすること」とある。そして「太平洋戦争期、わが国の海外進出を正当化するために用いた標語という説明もついている。つまりこの場合、本来はユートピア的な言葉を、日本帝国の支配層が自分たちに都合のいいようにねじまげて使ったわけだ。(朝日, 93.6. 海老坂武)(pp.62-65)

松岡弘(1993)は、PとQの関係を大きく三つに分けて捉え、これ以上細かく分類することは、論理的な緻密さは増すにしても実用性から離れていくと考えている。従って、三分類では説明し切れない例が若干存在することを予想しつつも、あえて三つで代表させている。

　松岡弘(1987)は、「わけだ」の最も基本的な意味把握に焦点をおいて述べており、これは「わけだ」の理解に役に立つ捉え方であると思う。しかし、松岡弘(1993)も認めているように「わけだ」を三つに分類することには多少議論の余地があり、これについては第2章の3節の「わけだ」の意味の再解釈のところで再び述べることにする。

### 2.3. 奥田靖雄(1992)

　奥田靖雄(1992)は、「のだ」とともに「わけだ」の意味と機能とを「説明」のカテゴリーの中に一般化しようとし、説明の構造のなかで、説明の文が原因をあきらかにする説明のし方を《つけたし

的》、結果をあきらかにするばあいを《ひきだし的》と分けて捉えている。その中、「わけだ」は「ひきだし的な説明」にあたる表現だと述べている。

　奥田靖雄(1992)は、「わけだ」の用法を寺村秀夫(1984)の三分類から出発し、「P。Qわけだ。」の中で、「Qわけだ」の方の意味を捉えて、次のように「わけだ」を四つに分けている。


　(ア)　思考・想像がつくりだす出来事

　(イ)　判断

　(ウ)　結果としての出来事

　(エ)　出来事の結果性


上の四つの用法のうち、(ア)と(イ)を、思考・想像の活動における帰結を表現するものとして、(ウ)と(エ)を、結果としての出来事を確認するものとして、捉えてまとめている。

　奥田靖雄(1992)は、寺村秀夫(1984)の第一の捉え方について、次のように述べている。


　　第一の規定おいて、寺村秀夫は「あるQという事実にたいし、なぜそうなるのかを説明するために」という前おきをあたえているが、その前おきをはずしてしまった方が適切である、「わけだ」のつかい方がある。

　　　　　　　　　　　　[……中略……]

つまり、先行する、いくつかの文にあたえられている出来事から、日常的な、経験的な法則を媒介にして、ごく自然にわりだされる、帰結としての出来事を「わけだ」をともなう文がさしだしている、というような使用のばあいがたくさんあるのである。ここでは、先行する文は、「わけだ」をともなう文にさしだされる出来事の原因なり理由を説明するためにあるのではない。(p.192)

まず、第一の用法について、「わけだ」をともなう文にさしだされる出来事は、現実の世界からは相対的な意味できりはなされている、想像の世界における、思考の世界における出来事であり、思考・想像の過程のなかで帰結としてうみおとされた出来事である、と述べている。これを《帰結の文》と名付けている。

[21] 「……死因は青酸カリで、これは死体のそばにウイスキーのビンがのこっていたことでわかりました。鑑識では、そのウイスキーのビンに青酸カリの混入をみとめております。つまり、本多さんはこのウイスキーをのんだわけです。」(ゼロの焦点)

第二の用法については、話し合いのなかにあわれてくる帰結の文になると、先行する出来事に対して、関係の本質的な特徴づけ、意義づけ、評価など、なんらかの《判断》を与える。つまり、

「わけだ」をともなう文は、帰結としての判断をさしだしていると述べている。これらは、寺村秀夫(1984)の第二の規定にかかわっているようだと指摘している。。

[22]「この金というのは、どういう意味のものですか?　川の工事を竹田にやらせてくれれば、そのお礼に贈呈するという話ですか?」

「そうだろうと思います。」

「しかし、その日からわずか十日そこいらで財部さんは辞職してしまった。つまり、竹田に工事をやらせるという決定をしないで、辞職された。<u>そうしますと、その莫大な金というのは、要するに、話だけでおわったわけですか?</u>」

「たぶん、そうだろうと思います。」(金環蝕)

[23]「家内がなくなりました。いま病院からつれてかえったところですが……」

「ああ、そうですか。そりゃどうも。<u>私はちょうど間にあったわけだな。</u>きっと仏さまのおみちびきだ。車のなかに袈裟があるから、とってきて、さっそくおがんでさしあげましょう。……」(洒落た関係)

第三は、先行する文で、因果の関係のなかにある、いくつかの出来事を、時間的な継起のなかに配置しながら、最後に生じてき

た、結果としての出来事を「わけだ」をともなう文にさしだす。つまり、し方のない成りゆきの結末としての、結果的な出来事を、《私》は確認しながら、ひとくぎりをつけて、《場面》をとじる、というようなテキストの構造である。このような「わけだ」の用法は、寺村秀夫(1984)は第一の規定のなかにあたえていると述べている。

> [24] びわの実はすでに黄色に熟していて、新鮮な食欲をそそった。のみならず池畔の種々なる草木はまったくふかくしげって、二階の窓からも露台の上からも私の姿を見えなくしていることに気がついたので、私は釣りざおをさかさにして、びわの実をたたきおとした。ところが、鯉は夕ぐれちかくなってつることができたので、つまり私はずいぶんおおくのびわの実を無断でたべてしまった<u>わけである</u>。(鯉)

第四は、「わけだ」をともなう文が、先行する文とともに、すでに知っている出来事を記憶からひきだしながら、ある出来事がどうしておこってくるのか、現象の本質、現象のあいだの法則的な関係の理解を通して、その必然をあかるみにだす、すなわち、反省的な思考過程をえがきだしている場合である。

> [25] しかし、比島のなかでも雨季はところによって全然ぎゃくである。たとえば、一月の末、私がミンドロ島でとらえら

70

れたとき、ミンドロ島は乾季であったが、レイテ島へおくられてきたら、雨季であった。この理由を私は現地でたしかめる手段をもたなかったが、いまはほぼ察知している。つまり、ルソン島の西南に接して南支那海に西面したミンドロ島では、夏季南半球から洋上の湿気をあつめてくる南西の季節風をうけ、夏から秋へかけて雨季となる。これに反し、太平洋に東面したレイテ島では、冬季北東の季節風のため、冬から春へ雨季となる<u>わけである</u>。(俘虜記)

奥田靖雄(1992)は、以上のことを次のようにまとめている。

「わけだ」を表現するものは、さまざまなレベルで進行する、思考活動のおしまいの段階である、ということになる。そして、「わけだ」をともなう文がさしだす出来事は、思考活動の所産であれば、かならずしも現実の世界に照応することはない、ということになる。思考活動が現実からとおざかって、意識のなかの内的な自己運動としてあらわれてくると、「わけだ」をともなう文は、前提になる出来事を仮定しておいて、現実にありそうな出来事をつくりだすこともあるし、まったく実現することのありえない、非リアルな出来事をつくりだすことにもなる。論理をおしていくと、結局はこんなことになってしまうと、論理の展開の結末を「わけだ」が表現するのである。(p.207)

奥田靖雄(1992)は「わけだ」を思考活動の観点から捉えている。しかし、奥田靖雄(1992)について、松岡弘(1993)は次のように述べている。

奥田は、説明が《ひきだし的》である場合は、「のだ」と「わけだ」に取り換えられるが、《つけたし的》な説明においては「のだ」は「わけだ」に取り換えられないというのである。

[……中略……]

奥田(1991)がこのような誤った観念にとらわれた背景は、次のように推測される。奥田(1990)で3回も「論理が逆である」と繰り返したことに表れているように、奥田は、「のだ」が《つけたし的》であると同時に、《ひきだし的》でもあることについて、その事実を認めても、それを成立させている根拠が見えていないのではないだろうか。そのことが、「のだ」は《つけたし的》であり、「わけだ」は《ひきだし的》である、という一方的な思いこみと振り分けとなり、「のだ」はべつとして、「わけだ」は、《ひきだし的》用法に限られる、といった記述になったのではないか、と。

[……中略……]

結局、「わけだ」についても、「のだ」と同様の構造を認めることによってしか、問題は解決しないのではないだろうか。
(pp.60-61)

奥田靖雄(1992)は基本的に寺村秀夫(1984)を認めており、先行研究の「わけだ」の意味とそれほど異なっているとは思われない。

## 2.4. 横田淳子(2000)

　横田淳子(2000)は、「わけだ」の意味を基本的に寺村秀夫(1984)の三分類に従っているが、一見矛盾する現象を説明するために、事柄の客観的な流れと話し手の認識の流れを区別し、「わけだ」を事柄の客観的な流れではなく、話し手の認識の流れに注目して分類している。横田淳子(2000)は「「わけだ」は二つの事柄の間に論理的な筋道が認められると話者が主張する場合に使われるのであるから、事柄の客観的な流れよりも話者の心の働きが言語形式に反映する。(p.55)」と述べながら、事柄の客観的な流れと話し手の認識の流れを次のように図示している。

　　Yという一つの事柄に関係するものとしてはその原因・理由である事柄Xと、その結果である事柄Zがある。X、Y、Zという三つの事柄の客観的な流れは以下のようになる。

$$X \quad \rightarrow \quad Y \quad \rightarrow \quad Z$$

図1 事柄の客観的な流れ

しかし、それを表現する話者の認識は必ずしもいつもこのような流れをとるとは限らない。まず、ある事柄Yを認識する。話者はそこからその原因や理由に論理を展開させ、Xに行き着

くこともあれば、その結果に論理を展開させ、Ｚに行き着くこ
ともある。また、話者はＹを別の角度から見てＹ'と認識するこ
ともある。さらに、ある事柄Ｙを認識して、それがなぜそうな
のか説明をさがし、Ｘを見つけてＸとＹの関係に納得し、改
めてＹを認識することもある。

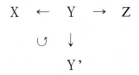

図2 話者の認識の流れ (p.55)

横田淳子(2000)は事柄の認識と「わけだ」を図3のように提示しな
がら、「わけだ」の意味を話者の事柄認識の流れに着目して分類し
て捉えている。また、横田淳子(2000)は「わけだ」と「ことになる」と
の言い換えの可能如何でもって、寺村秀夫(1984)の用法(ⅰ)を分
け、「わけだ」の意味を五つに分けている。これをまとめると以下の
ようになる。

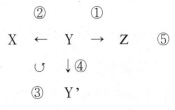

図3 事柄認識と「わけだ」

74

① 帰結用法1結果　Y→Z (図3の①)

「Y。(だから) Z わけだ。」の形態をとる。「わけだ」のついた節が論理的な筋道の帰結として出てきたことを主張する「帰結用法」のうち「わけだ」のついた節が事柄の結果 Z である表現である。「ことになる」と言い換えることが可能である。

② 帰結用法2 原因・理由　Y→X (図3の②)

「Y。X わけだ」の形を取り、事柄Yの原因・理由を判断したり確認したりする。「わけだ」のついた節が論理的な筋道の帰結として出てきたことを主張する「帰結用法」のうち、「わけだ」のついた節が事柄の原因・理由Xである表現である。

③ 納得用法　Y→X→Y (図3の③)

「X。(だから) Y わけだ。」という形で、原因と結果の結びつきに納得している態度を表す。認識としては、最初にYを認知し、その理由Xを推論し、そこからXとYの関係に納得し、「Y わけだ」と言う。「Y わけだ」の前に「どうりで」など納得する態度を明確に示す言葉が来ることが多い。

④ 捉え直し用法　Y→Y'(図3の④)

ある事柄を違う角度、観点から捉え直し、違う意味、意義があることを主張し、それを聞き手に注意させるために「わけだ」を用いる。

⑤　派生用法　(図3の⑤)

　　4つの分類からの派生的な用法で、話者がある事柄を述べるのに、その裏に口にださない様々なことがあるということを聞き手に示そうとする用法である。いろいろ紆余曲折があったけれどもある結論に至ったときなどに、裏の事情を言外にほのめかす意味で使う。この場合は前提となる事柄は具体的には明示されない漠然としたものであることが多い。

　横田淳子(2000)は「わけだ」を「話者の認識の流れ」という新しい観点から分類し、「わけだ」の意味を五つに分けてより詳細に捉えている。また、先行研究にある例文を五つの分類に当てはめて検討しているが、例文の分類や扱い方に曖昧なところが多少見られ、議論の余地があると思われ、これについては、3章の「わけだ」の意味のところで再引用しながら詳しく述べることにする。

## 2.5. その他
　今までの「わけだ」の研究は寺村秀夫(1984)の3分類から始まっていると言えるであろう。また、2000年以後の「わけだ」の研究も、概ね寺村秀夫(1984)、松岡弘(1987)、奥田靖雄(1992)、横田淳子(2000)が受け継がれている。「わけだ」の先行研究としては、2.1.〜2.4.であげた松岡弘(1987)、奥田靖雄(1992)、横田淳子(2000)の他に、杉江厚美(2003)、永谷直子(2004)、山口佳也

76

(2010)などがある。これらの先行研究については、3節で「わけだ」
の意味を考察する際に、上に述べた三つの先行研究と合わせて
考察することにし、ここではごく簡単なことのみ触れておくにとどめ
たい。

　杉江厚美(2003)は先行研究の分析をベースにして、それらを再
解釈、再配置し、「わけだ」の五分類を次のように提案している。


　　タイプ1 論理的帰結を表す用法
　　タイプ2 納得を表す用法
　　タイプ3 言い換えを表す用法
　　タイプ4 確実性の強調を表す用法
　　タイプ5 談話のモダリティ標識としての用法


杉江厚美(2003)は概ね先行研究と同じ捉え方をしながら、寺村秀
夫(1984)の(ⅲ)と横田淳子(2000)の「派生用法」に該当するものを
「タイプ4 確実性の強調を表す用法」と「タイプ5 談話のモダリティ標
識としての用法」のように分けて捉えながら、タイプ1-タイプ5のす
べての「わけだ」が「P→Q」の図式でしめされていると述べている。
杉江厚美(2003)は、結局、「「わけだ」に「P→Qという推論の過程」
が常に存在するのは「わけだ」の「わけ」の持つ「因果の筋道」という
意味によるものであろう」とまとめている。

　永谷直子(2004)は「わけだ」の研究において、二文間の関連づ
けの分類を再整理するのが目的ではないため、横田淳子(2000)

の五分類に従っている。永谷直子(2004)は「わけだ」の「説明」あるいは「関連づけ」の機能が果たして二つの事柄の関係に限られた問題なのか、ということから、「わけだ」を伴う文と先行する文との関連づけを「第一関連づけ」、「わけだ」を伴うことでさらなる関連づけを生み出す場合があるという発想を元に、それを「第二関連づけ」と分けている。永谷直子(2004)は横田淳子(2000)の五分類のうち納得用法、派生用法を「第二関連づけ」のひとつと考え、他の用法とは段階の違いがあると述べながら、多少違う捉え方をしようとしている。

　山口佳也(2010)は「わけだ」の「わけ」になお実質名詞「わけ」とのつながりが残されていると述べながら、「わけだ」は、「連体修飾節＋わけ＋だ」の構造を持つ名詞文であると見ている。その故に寺村秀夫(1984)の(ⅰ)、(ⅱ)は区別する必要がないと述べながら、また、「納得用法」についてもやや違う観点から捉えようとしている。

　以上、「わけだ」の先行研究について検討したが、これについては次節の「わけだ」の意味の再解釈のところで、随時引用しながら、より詳しく述べたいと思う。


## 3. 「わけだ」の意味の再解釈

　「わけだ」は「わけだ」の前後の文との関係から、いろいろな意味

構造を持っている。つまり、文脈の中で相互関連性を持って他の文との関連づけを表しているのである。この関連づけの意味を分析してみると先行研究から提示されるように、「わけだ」は少なくとも四つ以上の意味を持つものとして捉えられる。以下では「わけだ」の意味について述べることにする。

　本節では、先行研究での意味分類に用いられている用語を再検討し、それらをグルーピングし、「わけだ」を意味1・2・3・4に分けて考察することにする。

### 3.1. 意味1－帰結(原因・理由、結果)

　「わけだ」には、ある前提のPから推論すれば当然Qという帰結になるということを表すものがある。その中で、Qは原因・理由、あるいは結果を表す。帰結を表す文の中で、原因・理由、結果として捉えられる「わけだ」が、「わけだ」の最も基本的な意味で、これを「わけだ」の意味1と規定する。

　寺村秀夫(1984)は、意味1の「わけだ」は「ことになる」と言い換えられると述べているが、横田淳子(2000)は、これを「ことになる」に言い換えができるものとできないものとに分けられると指摘しながら、寺村秀夫(1984)の用法(ⅰ)について次のように述べている。

　　この用法は、事柄Pからの当然の帰結としてQがあるという用法なので、ここで仮に「帰結用法」と名づける。

　　　　　　　　[……中略……]

79

「帰結用法」では「ことになる」と言い換えられる。

[……中略……]

この用法をここで仮に「納得用法」と名づけると、寺村(ⅰ)はこの「納得用法」を説明しているように思われるが、「納得用法」の場合は「ことになる」と言い換えることができないのである。

(p.53)

横田淳子(2000)は上に見られるように、寺村秀夫(1984)の用法(ⅰ)を「帰結用法」と「納得用法」に分けている。横田淳子(2000)によると、「わけだ」は二つの事柄の間に論理的な筋道が認められると話者が主張する場合に使われるのであるから、事柄の客観的な流れよりも話者の心の動きが言語形式に反映するのであり、認識の上では、「帰結用法」の中でQが表すものを二つに分けるのである。

　横田淳子(2000)は、「話者の認識の流れ」という観点から、寺村秀夫(1984)の用法(ⅰ)の「わけだ」を細分し、PからQに論を展開させ、Qを帰結とする「帰結用法」と、ある事柄を説明するために考えめぐらせた末に、その事柄の成立に改めて納得する「納得用法」に分けている。また、「帰結用法」を[26]のような原因・理由を表すものと、[27]のような結果を表すものに分け、寺村秀夫(1984)の用法(ⅰ)の「わけだ」を三つの意味に分析している。

[26] 波がずいぶん荒いですね。台風が近づいているわけで

すか。(=3章の[4])

[27] 波がずいぶん荒いですね。今日は船を出せないわけで
すか。(=3章の[5])


横田淳子(2000)の特徴は、「話者の認識の流れ」を図示すること
で学習者に「わけだ」の意味が推測できるようにしたという点であろ
う。寺村秀夫(1984)の用法( i )を細かく分けて三つにしたことは評
価できるが、「わけだ」と「ことになる」との言い換えについて述べた
部分はもう少し検討する必要があると思われる。これは第6章の「わ
けだ」と「ことになる」のところで詳しく述べることにする。

また、山口佳也(2005)は「「わけ」が本来、実質名詞、形式名詞
の別なく、「分け」を原義としているならば、「わけだ」の意味は、
「ある事態について、そのことは、ことを分けて言えば(わかりやす
くいえば)…ということ(理屈)だ」というふうなものとしてとらえるのがよ
いのではあるまいか。そうだとすれば、寺村(1984)の用法( i )用
法( ii )は区別する必要がないということになるであろう」と述べなが
ら、寺村秀夫(1984)の用法( i )の例文[28]を挙げて少し違う解釈
をしている。


[28] 信吾は東向きに坐る。その左隣りに、保子は南向きに
座る。信　吾の右に　修一で、北向きである。菊子は西
向きだから、信吾　と向い合っているわけだ。(川端康成
「山の音」)

は、「信吾は東向きに坐る」「その左隣りに、保子は南向きに坐る」「信吾の右に修一が北向きに坐る」「菊子は西向きだ」(以上P)という事実から推量して、その当然の帰結として、「菊子は信吾と向い合っている(Q)わけだ」と言っているのではなく、「信吾は…」以下の事態について、「そのことは、改めて、この場合に重要な点を押さえて言えば、菊子は信吾と向い合っているということ(理屈)だ」と言っていると考えられる。この場合重要なことは、事態Pから事態Qを推量しているのではなく、事態Pを、聞き手(読み手)に分かりやすいように(ポイントを押さえて理解してもらえるように)，ことさら事態Qととらえ直して示しているということだと思われる。もしそうだとすれば、用法( i )と用法(ii)は区別する必要がないということになるであろう。(p.3)

山口佳也(2005)の上の説明は、「わけだ」の意味を「ある事態について、そのことは、ことを分けて言えば(わかりやすくいえば)…ということ(理屈)だ」と捉えながら、寺村の用法( i )と(ii)を一つのものとして解釈している。しかし、この違いは、寺村秀夫(1984)が「わけだ」の意味を前後文脈関係の論理的な推論過程の中から細かく捉えているのに対し、山口佳也(2005)が「わけだ」の意味を前後文脈関係の大きな観点から捉えているという違いに過ぎないと思われる。

　結局「わけだ」の意味1は、ある前提のPから推論すれば当然Qと

いう帰結になるということを表すものである。


### 3.2. 意味2－納得、確認

「わけだ」には、PとQの関係が「納得」あるいは「確認」を表すものがあり、これを「わけだ」の意味2として規定する。松岡弘(1987)は「「わけだ」において最も基本的なことは、PとQの間に物事と物事とのつながりがあることを話し手が認め、それを納得することである。」と述べている。

「わけだ」の基本的な意味が「納得」であるとすれば、「わけだ」の意味を細分して「納得用法」と設ける必要があるのであろうか。

先述したように、横田淳子(2000)は寺村秀夫(1984)の用法(ⅰ)について「わけだ」の意味として「納得用法」を挙げ、次のように述べている。


「X。(だから)Yわけだ。」という形で、原因と結果の結びつきに納得している態度を表す。認識としては、最初にYを認知し、その理由Xを推論し、そこからXとYの関係に納得し、「Yわけだ」と言う。「Yわけだ」の前に「どおりで」など納得する態度を明確に示す言葉が来ることが多い。

Yから順番に論理を展開させてZに至るという過程を経ていることに力点を置く①(帰結用法1結果)の「わけだ」に対して、③(納得用法)の「わけだ」では二つの事柄の間に原因・理由と結果という関係を認め、その関係に納得しているという態度表現

に力点が置かれている。①は「ことになる」と言い換えられるが、③は「ことになる」と言い換えられない。

[……中略……]

[29] 山本さん、結婚したらしいですよ。—ああ、そうだったんですか。それで最近いつもきげんがいいわけだな。(辞書)

[30] 目も充血したり、目やにが出たりします。ほこりが目に入っただけでとても痛く、涙の出た経験はだれでもあるでしょう。まして、まつげがいつも目をこすっている状態ですから、痛がるわけです。(松岡2)(pp.57-58)


「納得」というのは果たしてどんな意味であろうか。納得する言語表現なのか、つまり、納得の仕方なのか、それとも納得した後の話し手の解釈とか評価のような表現なのか、その意味が定かではない。

　[29]は、「山本さんが最近いつもきげんがいい」ことを、「結婚した」という話を聞き、納得し、それを「わけだ」でもって表現しているものである。きげんのいい理由を結婚した結果から「納得」したということである。「納得」というのは「理解して認める」ことであるが、[30]は理由に対する結果を表すとも捉えられ、納得なのか結果なのか微妙なところがある。また、[30]は、松岡弘(1993)が因果関係のところで捉えており、「わけだ」の意味が結果にも捉えられるという証拠になると思われる。

　山口佳也(2006)は「わけだ」の「納得用法」について次のように述べている。


　　いわゆる「納得用法」の「わけだ」の文について考察し、それ
　　が、一般的意味の「わけだ」の文と同じく、名詞文の構造を潜
　　在させたものであると同時に、述部に独特の強いプロミネンス
　　をおいていわゆる「確認」の意味あいを加えたものであることを
　　確かめた。その意味からは、従来納得用法と言われていたも
　　のは、正確には、確認用法と呼ぶべきではなかったかと思わ
　　れる。(p.9)


山口佳也(2006)は「わけだ」の「納得用法」を「確認用法」と呼ぶべ
きであると捉えている。しかし「確認用法」というのは何かを「確かめ
る」という意味であるが、「わけだ」の意味2が、あることを当然なも
のとして「納得」したことを表すため「納得」を「確認」に変える必要は
必ずしもないと思われる。
　結局、同じ内容のものが結果としても納得としても表現でき、結
果か納得かは表現内容ではなく、表現方法から捉えられる問題で
あると思われる。横田淳子(2000)の指摘どおりに、納得の場合は
「どうりで」のように納得の態度を表す語句や「だから(それで)、そう
だったのか」というように原因や理由を表す語句が来て、結果に対
して納得したことを表す表現で、これが「わけだ」の意味2である。
これに対して結果の場合は「わけだ」の前に「それでは／だとしたら」

のように条件を表す語句が来て、原因や理由から捉えられる情報としての結果を表す表現である。納得は以前のことについて気づいたことを表す表現であるのに、結果は原因から出てくるその場での判断内容を表す表現であるという違いも指摘できる。

　「わけだ」の意味2は、単純な結果提示ではなく、結果などの内容を話し手の立場で頷いたり納得したりする態度を表すものである。

### 3.3. 意味3－言い換え、捉え直し、表裏関係

　「わけだ」には前の文を言い換えるか、あるいは捉え直すかの意味を表すものもあり、これを「わけだ」の意味3に規定する。

　寺村秀夫(1984)は「言いかえると」「要するに」というぐらいの気持で使われる、「わけだ」は「筆者はPという事実を報ずるだけでなく、それにQという解釈を加えて提出しているのである。」と述べている。

[31] 労働省では、「職員は七月二十日から九月十日までに連続一週間の夏休みをとるように」と大臣のおふれが出たが、その通りに休んだのは、若い男子職員や女子職員に多く、局長や課長クラスは、せいぜい連続2日程度とか。
　　　夏休みに対する考え方にも世代の差が現れているわけ

　　だが、最近の激しい経済の動き、ビジネス社会の変動
　　などを考えると、余暇時代とは言ってものんびり夏休み
　　などとってはいられない、と思っている サラリーマンも少
　　なくないようだ。 (p.280)

寺村秀夫(1984)は[31]について、「筆者はPという事実を報ずるだ
けでなく、それにQという解釈を加えて提出しているのである。」と述
べているが、「若い職員は通達どおり夏休みをとったが、管理職は
一，二日だけ」ということから考えると、結果的に「考え方の世代差
が現れている」というようにも説明できる。「わけだ」の意味3は、そ
の結果的なものをもう一度言い換えて「わけだ」によって表現してる
ものではないだろうか。「わけだ」文の意味3は、その結果的なもの
をもう一度言い換えて「わけだ」によって表現していると考えられ
る。

　松岡弘(1993)は、寺村秀夫(1984)とほぼ同じであるが、次のよ
うな例から「わけだ」の意味を表裏の関係(言い換えや補充)と捉え
ている。

[32]　十九の春、戯曲を書きはじめた。葬式をしたかったの
　　　だ。私にとって芝 居は葬式なのだ…私は九本の芝居を
　　　書いた。死ねなかった自分を芝居の中で九度殺し、九
　　　度弔ったわけだ。(p.65)

[32]で、「私にとって芝居は葬式なのだ…私は九本の芝居を書いた。」ということは、結果的に「死ねなかった自分を芝居の中で九度殺し、九度弔った」ということになる。松岡(1993)は「わけだ」の意味を、その結果的なものをもう一度考え直し、言い替えたり補充したりするものであると捉えている。

　横田淳子(2000)も「わけだ」に「捉え直し用法」があると言い、次のように述べている。

　　　ある事柄を違う角度、観点から捉え直し、違う意味、意義があることを主張し、それを聞き手に注意させるために「わけだ」を用いる。

[……中略……]

　　[33]　波がずいぶん荒いですね。海水浴シーズンも終りというわけですか。

　　話者はY「波が荒いこと」を認識する。これを別の視点から、Y"「海水浴シーズンも終りだ」と捉え直し、それを主張するために「わけだ」をつけている。(p.58)

[33]は、「波が荒い」ので「水泳ができない」つまり、原因と結果の関係であるが、「水泳ができない」ということは、もう「海水浴シーズンも終りだ」という解釈が可能になるのである。[33]を単なる言い換えや捉え直しであると解釈するより、前の文に対する結果論的な話を捉え直すものであると考えるのが正しいと思われる。

　「わけだ」の意味について、前の文の言い換え、または捉え直しであるという捉え方は、考えようによっては「結果」の意味としても捉えられうる。「わけだ」の意味3は単なる「言い換え・捉え直し」ではなく、「結果」から再解釈したもの、つまり、結果論的な話を色々な角度から再解釈したものであると捉える方がより自然な解釈であろう。「わけだ」の意味3は、結果から推論される再解釈、結果の再解釈と言うべきものであると思われる。

### 3.4. 意味4－派生、その他

　「わけだ」の中にはまだその意味が明らかになっていないものがあり、先行研究ではこれらについて派生用法というように分類し正しい意味規定をしていない。これを仮に「わけだ」の意味4として規定する。

[34]　「わたしは君のことをなんて呼べばいい?」

　　　「そりゃあ、『監督』でしょう」

　　　「でも、確かこのビデオ、わたしが監督のはずだけど」

　　　「甘い! 山ちゃん、あんた、自分の実力わかってんの? そりゃあ、あんたの業界じゃあ有名かもしれんけど、こっちじゃ、駆け出しですよ。山ちゃん、あんた、デジカムのスイッチの位置だってわかんないじゃん。それで監督なんか出来るっていう*わけ*? とりあえず、あんたとおれの関係をはっきりさせとこうじゃないの」

「オーケイ、監督さん。君が監督だ。わたしは何をやれ
ばいい?」

「それがあんたのダメなとこなんだってば!」ピンは大声で
叫んだ。

「もう、山ちゃんてば、もろ『指示待ち族』じゃん。
元々、あんたの作品だろ? 要するに、何を撮りたい<u>わ
け</u>?」

[34]のように、日常生活の中で頻繁に耳障りにも聞こえるこの「わ
けだ」は、先行文が直接的に現れておらず、文脈の中でその意味
を捉えにくいが、果たしてそうであるのか、より細かい分析が必要
である。

　寺村秀夫(1984)は「わけだ」の意味4について、「P→Qという推
論の過程は示さず、Qということを、自分がただ主観的にそういっ
ているのでなく、ある確かな根拠があっての立言なのだということを
言外に言おうとする言い方。乱用すると独善的な、押しつけ的な
印象を与える」(p.285)と述べているが、寺村秀夫(1984)の記述し
ている「言外に、独善的な、押しつけ的な」ということは、その捉え
方が明らかではない。

　山口佳也(2005)は、寺村秀夫(1984)の用法(ⅲ)について、「さ
らに検討する必要があるが、先行する事態Pが存在しないのでは
なく、Pが文脈に紛れて分かりにくくなっている場合、又は、あいま
いな場合である可能性が高い」という説明に止めている。

　横田淳子(2000)は、寺村秀夫(1984)と同じような捉え方をし、次のように述べている。


　　以上の4つの分類からの派生的な用法で、話者がある事柄を述べるのに、そ　の裏に口にださない様々なことがあるということを聞き手に示そうとする用法である。いろいろ紆余曲折があったけれどもある結論に至ったときなどに、裏の事情を言外にほのめかす意味で使う。この場合は、前提となる事柄は具体的には明示されない漠然としたものであることが多い。

　　[35]　こうして二人は結婚して、幸せに暮したわけです。
　　　　　(森松)

　　話者にとっては常識や既成の事実であると考えるものに「わけだ」をつけて言う。話し言葉でよく使われ、話者自身無意識に使っていることも多 い。

　　　　　　　[……中略……]

　　これらの派生的な用法がさらに進み、特別な意味を持たず、ただ話者の口調になって終助詞のように使われている場合もある。

　　[36]　例えば、僕らが論文書くときに、非常に理論的なアイデアとか 構造の変化をどういう風に捉えるか、という方法論みたいなも　のを書くわけね。だけど、その背景には、その理論に到達するまでいろいろ計算しているわけだけど、自分でやらなくても、コンピュー

91

　　　ターを使えば計算はできる<u>わけだ</u>。(寺村)
　　特別な意味を持たない「わけだ」を多用すると耳障りな感じを
　　与える場合もある。(pp.59-60)

横田淳子(2000)は、寺村秀夫(1984)の用法(ⅲ)とほぼ同じ捉え
方をしながら、先行研究にある例文を当てはめる過程で[35][36]
のような「わけだ」を「派生用法」と位置づけている。しかし、森田・
松木(1989)は、[35]を「②ある結果に至った事柄について、そう
なったのが当然だととらえる話し手の態度をあらわす。」と捉えてい
る。つまり、[35]では、「こうして」が前の文のいろいろな内容を含
んでおり、そこから「幸せに暮した」という結論を導き出す働きをし
ていると考えられる。この例文は「帰結用法」のうち、結果を表わす
と思われるので、本書では、[35]については森田・松木(1989)の
分類に従うことにしたい。
　また、松岡弘(1987)は横田淳子(2000)が「特別な意味を持た
ず、ただ話者の口調になって終助詞のように使われている場合も
ある。」と述べながら挙げた[36]のような例文については、次のよう
に述べている。

　　講演会などでは「わけだ」が連発されることがあり、これは寺村
　　氏の分類3番目に相当するものであるが、これなどは話し手
　　の側に、自分のしゃべっていることは聞き手も承知の前後関
　　係の中で述べているのであり、ことさら因果関係を述べなくと

も納得してもらえるはずだという意識がある場合に生ずる。
(p.7)

松岡弘(1987)の捉え方には頷ける面がある。しかし、「わけだ」の
意味1、2、3を除くすべての「わけだ」の意味を意味4にするとすれ
ば、松岡弘(1987)の捉え方は「わけだ」の意味4の一部分になると
考えられる。その意味が明らかになっていない「わけだ」はかなりあ
る。[36]はその中の一つに相当すると思うが、これ以外にも存在
する「わけだ」の意味4は、それが表す意味領域が広く、正確な位
置づけにはより深い考察が必要である。


## 4. 結び

先行研究では「わけだ」の意味をそれぞれ違う用語で記述してい
るが、実際においてはそれらの用語が意味するところには類似の
点が多い。本書では先行研究で用いられた多様な用語を活かし
ながら、同様な意味のグループを統括し、「わけだ」の意味を四つ
に分けている。

「わけだ」には、ある前提Pから推論すれば当然Qという帰結にな
るということを表すものがある。その中で、Qは原因・理由、あるい
は結果を表す。帰結として捉えられる「わけだ」が、「わけだ」の最
も基本的な意味で、これを「わけだ」の意味1と規定する。「わけだ」

の意味1を表す寺村(1984)の(ⅰ)を横田(2000)は三つに分けているが、結局「わけだ」の意味1は、ある前提Pから推論すれば当然Qという帰結になるということを表すものである。しかし、「わけだ」と「ことになる」との置換えの問題については、「わけだ」の接続する述語の属性が関係するということから、寺村(1984)の(ⅰ)を「動詞文に限ると訂正しなければならない」と述べているが、これに関してはもっと詳しい考察が必要で、続けて考察していくことにする。

　「わけだ」には、PとQの関係が「納得」あるいは「確認」を表すものがあり、これを「わけだ」の意味2として規定する。しかし、「納得」というのは、納得する言語表現なのか、つまり、納得の仕方なのか、それとも納得した後の話し手の解釈とか評価のような表現なのか、その意味が定かではない。「わけだ」の意味2は、単純な結果提示ではなく、結果などの内容を話し手の立場で頷いたり納得したりする態度を表すものであると記述するのが正しいと思われる。

　「わけだ」には前の文を言い換えるか、あるいは捉え直すかの意味として捉えられるものもあり、これを「わけだ」の意味3に規定する。「わけだ」の意味について、前の文の言い換え、または捉え直しであるという捉え方は、考えようによっては「結果」の意味としても捉えられうる。「わけだ」の意味3は単なる「言い換え・捉え直し」ではなく、「結果」から再解釈したもの、つまり、結果論的な話を色々な角度から再解釈したものであると捉える方がより自然な解釈であると思われる。結局「わけだ」の意味3は、結果から推論される再解釈、結果の再解釈と言うべきものであると思われる。

　「わけだ」文はまだその意味が明らかになっていないものがあり、先行研究ではこれらを派生用法として明確な意味規定をしていない。これらを仮に「わけだ」文の意味4として規定する。

　以上で確認したように、先行研究で提示した意味1(帰結)と意味2(納得)、意味3(言い換え)は明示的な先行文が存在する場合であるが、そのような場合における意味については、本書においても先行研究と同様な立場である。そこで、本書では明示的な先行文が存在する場合における意味1と意味2、意味3を認め、基本的にそのまま受け継ぐことにする。しかし、先行研究で提示した意味4(派生)は明示的な先行文が存在しない場合であり、深い考察が必要であると考えられる。そこで、次章では、明示的な先行文のない「わけだ」を中心に分析することにする。

# 第3章

# 「わけだ」の意味

## 1. 問題設定

「わけだ」は当然な帰結として導き出される様々な意味を表すが、一般に文脈があってそこから導き出されるものである。しかし、「わけだ」の意味4は文脈が表に現れていない場合であり、先行研究ではこれを意味1〜3とは異なる意味を表すものと見る立場と、既存の意味と同類のものと見る立場の二つの見方がある。広義の観点からすれば、「わけだ」は全てが一つの意味を表すと捉えられるであろうが、本書では、狭義の観点から「わけだ」の意味を捉え、「わけだ」の意味4についても詳しく分析することにする。

文脈が表に現れていない「わけだ」の意味4は、形からすると三つの種類に分けられると思われる。

[1]　a. 4人とも車で来るわけだから、うちの前にずらっと4台

　　　　路上駐車することになるね。

　　b. 10時発の札幌行きに乗る<u>わけ</u>ですから、遅くとも9時
　　　　半までには搭乗手続きをすませてください。

[2]　a. 僕はその後も野々村の妹に時々あった<u>わけだ</u>が、記
　　　　憶に一番よく残っているのはその二度である。

　　b. わたしは国史を専門にしている<u>わけ</u>ですが、私のよう
　　　　な文献を扱うものの立場からすれば、もっと史料を大
　　　　切にすべきではないかと思うんです。

[3]　a. その問題、私、ぜんぜんわかんなかった<u>わけ</u>。それ
　　　　で、ほかの人に聞いた<u>わけ</u>。だれも知らないって言
　　　　う<u>わけ</u>。

　　b. 順子「ゴメン！ 今日お母さんにつきあうことになっ
　　　　　　　ちゃた。本当にゴメン！ だって、どうしても一
　　　　　　　緒にきてほしいって言うんだもの。この埋め合
　　　　　　　わせは、今度絶対するから。ね、いいで
　　　　　　　しょ、許して!」

　　　　真一「順子、昨日は友達に頼まれて断れなかった
　　　　　　　よな。そのたびに、オレが我慢してるんだぞ。
　　　　　　　オレの約束が先なのに、どうしてそうなっちゃう
　　　　　　　<u>わけ</u>? もういいかげんにしろよ! これじゃ、
　　　　　　　デートもできないだろ。いいかげん、オレを一
　　　　　　　番にしろよ」

　　　　順子「ナニ言ってるの。真一が一番だから甘えてる

　んじゃない。真一だったら、私の気持ち、わ

　かってくれると思ってたから」

[1]〜[3]は関連づけられる明示的な先行文のない「わけだ」である
と考えられる。[1]a.の「4人とも車で来る」ということと、[1]b.の「10
時発の札幌行きに乗る」ということはすでに決められている事実
で、その事実が「わけだ」で表されているのである。[2]a.の「僕は
その後も野々村の妹に時々あった」ということと、[2]b.の「わたしは
国史を専門にしている」ということは話し手自身に関する事柄で、
その話し手に関する事柄が「わけだ」になっているのである。[1]は
単に客観的な事実を述べる「わけだ」であるが、[2]は話し手自身
に関する事柄を述べる「わけだ」であるため、事実が客観的である
としても、その事実は話し手の発話を通してしか捉えられないもの
である。[1]と[2]は、いわゆるPからQという「わけだ」の関連づけの
あり方が異なっていると言えよう。

　「わけだ」の意味が関連づけから捉えられるものだとすれば、「わ
けだ」には当然関連づけられる何かがあるはずだというふうに考え
るのが自然であろう。先行研究でも、[1]と[2]に用いられる「わけだ」
を、何かの根拠があって成立したものと捉える立場はあるが、その
根拠が何であるかについて具体的に述べているものはない。[1]と
[2]の「わけだ」が、ある根拠から導き出される当然な帰結を表すも
のであるとすれば、[1]は「わけだ」の根拠になるものが話し手の外
にある事柄であるのに対して、[2]は「わけだ」の根拠になるものが

話し手の内部にある事柄であるので、[1]と[2]は根拠から帰結への過程が異なっていると考えられる。

また、[3]a.のように終助詞のように使われている「わけ」と[3]b.のように対話文に用いられ相手の話を聞いて反問するような形の「わけ」がある。[3]a.と[3]b.は「わけ」の代わりに「わけだ」の形では用いられない。[3]のような「わけ」は[1][2]のような「わけだ」とは根拠から帰結を導く過程がまた違うように思われる。

本節では、明示的な先行文のない「わけだ」を中心に、「先行文」というものをどう捉えるべきかということと、「わけだ」において話し手の発話と関わる根拠と帰結の関係がどうなっているのか、という二つの観点から「わけだ」を考察することにしたい。


## 2. 先行研究とその検討

先行研究としては、寺村秀夫(1984)、劉向東(1996)、横田淳子(2000)などがあり、これらを中心に検討していきたい。

寺村秀夫(1984)は、先行文との関係から「わけだ」の意味を捉えているが、先行文が現れていない「わけだ」の意味については次のように述べている。

[4]　「しかし、その道はいま遣っていませんね?」
　　　「遣う道理はありません」と郷土史家は私をあわれむように

みた。

「それは人が険阻な山を草を分けて通っていたときの話です。のちに大和に中央政権が出来、海岸沿いの政治道路が完成すると、必要は なくなった<u>わけです</u>。塩は、そういう政治道路からいくらでも奥地に供給されるようになりましたからね。馬や牛による荷運びが発達し、そのためには迂回しても川沿いの路がとられた<u>わけです</u>。もう人が難渋して歩く最短距離は必要がなくなった<u>わけです</u>。」(松本清張「陸行水行」) [……中略……]
P→Qという推論の過程は示さず、Qということを、自分がただ主観的にそう言っているのでなく、ある確かな根拠があっての立言なのだということを言外に言おうとする言いかた。乱用すると独断的な、押しつけ的な印象を与える。(pp.283-285)


寺村秀夫(1984)の述べているP→Qという推論の過程が示されない「わけだ」とは、本書で扱おうとする明示的な先行文のない「わけだ」であると考えられる。PからQという推論の過程が示されない「わけだ」は、言外ではあるものの確かな根拠がある表現だという寺村秀夫(1984)の捉え方は、「わけだ」が何かの根拠から導き出されるものだということを意味している。しかし、「言外に言おうとする言いかた」だという捉え方はその意味が明確ではない。つまり、「わけだ」にあるべき根拠についての考察がなされていないのである。ま

た、寺村秀夫(1984)の述べている[4]の「乱用すると独断的な、押しつけ的な印象を与える」という表現は、[2]に当たるようなものであるが、果して、これらの表現が独断的・押し付け的な印象を与えているのであろうか。これらは、話し手が自分の経験や経歴などを述べる文であって、必ずしも独断的・押し付け的な印象を与えているとは言えない。かえって、[2]と[4]については「わけだ」になった理由、つまり、帰結に至ったその根拠が何であるかを明らかにすべきではないであろうか。

　劉向東(1996)は、これらの「わけだ」が「常識・慣例、顕在する事実の提示」に使われる用法だと捉えながら、次のように述べている。

　　　表現者があるコトQを特に説明する必要のない事柄だと<u>判断</u>した場合、それを「Qわけだ」の形で提示するのである。「わけだ」は「これは常識だ」、「言わなくても知っている　と思うが」、「ご存じのように」といった表現者の態度を示す。ここで特に「判断」に下線を引いたのは、「Qわけだ」の中のQが本当に常識であるかどうか、また、相手(読者を含む)が本当に知っているか否かは、客観的な判定基準や相手の身につけている常識など具体的な状況によるものではなく、表現者の主観によって決めつけられるものだということを強調したいからである。たとえはっきりと相手がQということを知らないと分かっていても、表現者はそのQを常識だと思う限り「Qわけだ」の形で表

現するのである。

> [5] 「メードというのは、食堂の係りですか、それとも客室の
> 係りでしょうか? 実は、本人は食堂より客室のほうを希
> 望すると思いますが」
> 「それは面接のあとで決定する<u>わけですが</u>、そういう希
> 望でしたら、なるべくそのように計らいます」
>
> (松本清張『花実のない森』)(pp.57-59)

劉向東(1996)は、[5]のような「わけだ」を「常識・慣例」などを表す
ものと見なし、「わけだ」になったのが話し手の主観的な判断による
ものであると捉えている。しかし、常識とはそれ自体が一般に通用
する客観的なものであるから、相手が知っているかどうかは「わけ
だ」の根拠になるのに影響を及ぼさない。つまり、[5]の「わけだ」
は、劉(1996)の述べているような表現者の主観によるものではな
いであろう。また、劉向東(1996)は顕在する事実の提示を表す
「わけだ」について次のように述べている。

> 「Qわけだ」文は常識・慣例提示の他に、表現者とその相手の
> 目の前に顕在する物事の提示に使われる用法もある。[6]は
> テレビ番組からとったもので、表現者は言葉のみでテレビを
> 見る人に情報を提供しているのではなく、言葉と実物の絵を
> 併用しているのである。
>
> [6] で、これは、ま、たいへん有名な作品ですが、(中略)

103

え、下のほうに、その弟子、使徒たちがいる<u>わけです</u>ね。で、あの、聖母マリアがお墓に埋葬されて、(中略)天に昇ってまいります、という絵ですね。(p.59)(テレビコラム「見直しされるルネッサンス美術」NHK教育テレビ)

劉向東(1996)は、「Qわけだ」にはまた顕在する物事の提示の用法があり、これは情報を提供しているのではないと述べている。「わけだ」においては、関連づけられるものとそこから導き出される帰結という一連の過程がなければならないと考えられる。しかし、関連づけられる先行文のある一般的な「わけだ」とは違って、[5]と[6]のような、常識・慣例、事実の提示などを表す「わけだ」は先行文がないが、このような場合における先行文というのは何であるかという点を明らかにすべきであろう。

[7] 台風が近づいているわけだから、つりは無理だろう。
(=3章の[8])

横田淳子(2000)は「わけだ」の用法を五つに分けて、[7]のような本書で言う明示的な先行文のない「わけだ」を、帰結・納得・捉え直しなどを表す「わけだ」から派生したもの、「派生用法」として捉えている。しかし、派生というのは具体性のない概念であり、記述が必要であるが、横田淳子(2000)は、派生の意味について具体的な記述をしていない。同様に「前提となる事柄は具体的に明示さ

104

れない漠然としたものであることが多い」と述べているが、前提とな
る事柄が何であるかについても明らかにしていない。

　「わけだ」は普通先行文との関係から捉えられるが、先行文に当
たるものがはっきり示されていない場合、その意味は正しく捉えに
くい。つまり、先行研究では、明示的な先行文のない「わけだ」の
構造に関して細かい分析ができておらず、「わけだ」の意味を正し
く捉えていないのである。また、当然な帰結を表すとされる「わけ
だ」は、根拠になる対象を正しく捉えなければ、帰結への過程を
明らかにすることができない。そのため、先行研究では、根拠か
ら帰結へという意味関係についても明らかにされていないのであ
る。「わけだ」における根拠と帰結の関係は単純ではなく、それを
正確に捉えるためにはまず前提として根拠になるものについても考
察が必要であろう。

　明示的な先行文のない「わけだ」について述べた先行研究は、
寺村秀夫(1984)、劉向東(1996)、横田淳子(2000)の他に、概ね
寺村秀夫(1984)の捉え方を受け継いでいる永谷直子(2004)、大
場美穂子(2013)などがある。

　永谷直子(2004)は、「派生用法の位置づけ」のところで、「派生
用法において「わけだ」を伴うことで「確かな立言であることを強調
する」背景には、主張をより説得力のあるものとしようとする話し手
の心的態度があると考えられるのではないか。(p.21)」と述べてい
る。永谷直子(2004)は、「わけだ」が必須か必須ではないかという
観点から、「わけだ」を必須としない状況であえて「わけだ」を伴うこ

とで説得力を持つものとしようとする心理が働くと捉えている。

　大場美穂子(2013)は、「推論過程が示されない「わけだ」」のところで、「「わけだ」は何らかの推論の帰結と考えることは難しい。ここでは、話し手と聞き手の間ですでに了解されている事柄を示すために「わけだ」が用いられると考えるのがよいのではないか。(p.60)」と述べている。大場美穂子(2013)は、この「わけだ」は推論の当然の帰結を示しているのではなく、聞き手も当然了解している事柄を示していると捉えている。

　永谷直子(2004)と大場美穂子(2013)の捉え方はある程度認められるべきものであるが、ここでもまだ明示的な先行文のない「わけだ」における先行文の役割、さらに推論の帰結過程の定義を見出すことは難しい。

　以下、先行研究を踏まえ、明示的な先行文のない「わけだ」から「先行文」というものをどう解釈すべきかということについて、それから、「わけだ」の根拠になるものには何があるのかを分析し、そこから「わけだ」における帰結の導き方について、それぞれ考察することにする。

## 3. 「わけだ」における「先行文」の意味

　「わけだ」は当然な帰結として導き出される様々な意味を表すが、一般的には先行文が存在し、そこからその意味が捉えられる

のである。しかし、前述した[1]～[3]にみられるように、表面的には先行文の現れていない「わけだ」も存在する。しかし、先行文がないからといって、根拠になるものがないとは限らない。本書は、明示的な先行文のない「わけだ」にも先行文と同じ役割をする何か根拠になるものがあるという立場であるが、先行研究では根拠になるものについての具体的な考察がなく、単純に根拠があるという指摘にとどまっていると言えよう。

　本節と次節では、「先行文」というものをどう解釈すべきかということに焦点を置き、明示的な先行文のない「わけだ」の意味について考えることにする。

　「わけだ」の中には、次の[8]～[11]のように、先行文が表に現れていないため、関連づけられるものがないと言われるものがある。

[8]　4人とも車で来る<u>わけだから</u>、うち前にずらっと4台路上駐車することになるね。 (=[1]a.)

[9]　10時発の札幌行きに乗る<u>わけですから</u>、遅くとも9時半までには搭乗手続きをすませてください。 (=[1]b.)

[10]　子供にだけでも10万以上かかる<u>わけで</u>、今の給料じゃ生活がかなり苦しい。

[11]　来週から試験な<u>わけだ</u>。少し頑張らないと落第しちゃうな。

[8]～[11]の「わけだ」は、先行文が直接にはない。しかし、「わけ

だ」の意味は先行文との関連づけから導き出されるものであるた
め、明示的な先行文がないとしても、何か先行文に相当する役割
をしているものがあると考えるのが自然であろう。[8]〜[11]の「4人
とも車で来る」「10時発の札幌行きに乗る」「子供にだけでも10万以
上かかる」「来週から試験だ」というのは、既に決まっていることであ
り、話し手はその事実を根拠にして、そこから帰結されることを「わ
けだ」で表したものと考えられる。従って、[8]〜[11]のような「わけ
だ」は、既成事実や得られた情報などが先行文脈として働き、そこ
から位置づけられたものであると考えるのが自然であろう。

　「わけだ」における「先行文」は必ずしも文として表現されている必
要はない。知られている、決められている事実を繰り返して言わな
くても、それが根拠になって表現される「わけだ」もあるのである。
つまり、先行文がなくても「わけだ」と関連づけられるものはあるとい
うことである。[8]〜[11]のように、「わけだ」の根拠になるものが何
であるかを規定するのはさほど難しいことではない。「先行文」とい
うのは、概念をより広く捉え、直接に文として現れていない事実や
情報までを含むものとして考えるのが妥当ではないであろうか。

　次の[12]〜[15]も同じように考えられる。

[12] 年を取って段々体が弱ってやがて死ぬ<u>わけです</u>。

[13] 君たちだって、いずれは年をとる<u>わけだから</u>、年寄りは
　　 大事にするべきだよ。

[14] 戦争は大きな犠牲を伴う<u>わけで</u>、我々は、何としてもこ

れを避けなければならない。 (=1章の[16])

[15] 今までは、同世代の人々を中心とした社会に生きてきた
<u>わけですが</u>、これからはいろいろな世代の人々とつき合
う必要が出てきます。(=1章の[17])


[12]～[15]は、[8]～[11]のように明示的な先行文のない「わけだ」
である。しかし、[8]～[11]と[12]～[15]では、先行文の役割を果
たしているものの性質が異なる。[12]の「年を取って段々体が弱っ
てやがて死ぬ」、[13]の「いずれは年をとる」、[14]の「戦争は大き
な犠牲を伴う」、[15]の「今までは同世代の人々を中心とした社会
に生きてきた」というのは一般的に認められる事実(常識)である。
[12]～[15]は誰でも知っている一般的な事実を根拠にしているも
のであるため、話し手はその根拠をわざわざくどく言う必要もなく、
当然なものとして位置づけ、それを根拠として「わけだ」を付けて述
べているのだと考えられる。つまり、先行文は直接に現れていな
いが、一般的な事実が先行文脈として、先行文と同じような役割
をしているということである。


[16] 言わなかった<u>わけでしょ</u>。だましてた<u>わけでしょ</u>。悪いと
思わないのかしら。

[17] お世話になった<u>わけでしょ</u>。そりゃ調べてあげなきゃわ
るいわよ。

[18] 休みの日にお見舞いに来る人もいる<u>わけでしょ</u>。

[19] じゃ、本当にこれは、今まで年間三兆ちょっと農業
予算はある<u>わけでしょう</u>。一六年間で三、六、十八
兆、ほっておいたってある<u>わけでしょう</u>。

[16]〜[19]も、[12]〜[15]と同じように明示的な先行文のない「わ
けだ」である。[16]の「言わなかった」「だましてた」ということは、話
し手が聞き手(相手)のした行為を根拠にして結論づけたことであ
り、[17]の「お世話になった」ということは、話し手が聞き手の状況
を知っていて、その状況を根拠にして結論づけたことであるため、
[16]と[17]の「わけだ」は根拠から導き出されたものであると考えら
れる。[18][19]も同様な解釈ができる。つまり、[16]〜[19]はお互
いに共有できる事実だということが先行文脈として働いているた
め、そこから導き出された帰結(納得や再確認)などを表す「わけだ」
であると考えられる。

谷守正寛(1998)は、劉向東(1996)を引用して次のように述べて
いる。

[20] 「メードというのは、食堂の係りですか、それとも客室の
係りでしょうか? 実は、本人は食堂より客室のほうを希
望すると思いますが」
「それは面接の後で決定する<u>わけですが</u>、そういう希望
でしたら、なるべくそのように計らいます」
[……中略……]

110

しかしここでも、本稿のいう、推論の帰結を表わすという基本的な機能が確認できる。[20]において「それは面接の後で決定する」という命題が常識だと決めつけることはできず、いずれの係りかを分けてから面接を行なうことも有り得るし、両方の係りを随時かけ持ちさせるような採用であったかもしれないし、採用決定後に折りを見はからって決めるのかも知れず、いくつかの選択肢が考えられる。したがって、それが導かれたであろう根拠Pとして何もないとは思われない。(P.244)

根拠になるPに当たるものがあるという谷守正寛(1998)の捉え方は本書の立場と変らない。しかし、「わけだ」はある根拠から当然な帰結として導き出されるものであり、根拠になるものが、谷守正寛(1998)の指摘のように、いくつかの選択肢の中から位置づけられるものであるとは思えない。「面接の後で決定する」という文が「わけだ」になった根拠というのは、面接の後で決定するということが、面接官の従うべき会社の既定のルールだということであろう。候補者は面接の後で勤務部署を決めるということが会社の慣例だということであり、そのような慣例が根拠として働き、そこから導き出されて「わけだ」になるということである。[20]は、先行文が表われてはいないが、既定の事実や常識などが文脈として働き、推論の過程が想定されるため、「わけだ」になったというふうに解釈するのが自然であると考えられる。

　[8]～[19]のような「わけだ」は、先行文(つまり、根拠)になるもの

が直接には記されていないが、決められた事実・情報、あるいは一般的な事実、聞き手の状況などが先行文として働き、それに基づいて導き出される当然な帰結を表すものであると考えられる。決められた事実・情報、あるいは一般的な事実、聞き手の状況などは、帰結を導く過程において、客観的な根拠として働いたものと見なしてよいであろう。

## 4. 根拠と帰結の関連づけが話し手の発言や判断による「わけだ」

### 4.1. 話し手自身に関する事柄が根拠になる「わけだ」

一般に「わけだ」は、根拠になるものから自然な成り行き、当然なものとして導き出される帰結を表すため、先行文からの帰結過程が客観的である。つまり、客体化されているPからQ「わけだ」への関連づけが客観的に行われるということである。しかし、次の[21]〜[24]のように、演説や講演などで用いられる「わけだ」は、根拠になる客観的な事実が先に提示され、そこから推論されるような「わけだ」ではない。つまり、[21]〜[24]は、前述の帰結の過程が客観的な根拠から導き出される[8]〜[19]とは異なっているのである。ただ、[21]〜[24]も、[8]〜[19]と同じように、明示的な先行文がない。

112

[21] 私は国史を専門にしている<u>わけですが</u>、わたしのような
文献を扱う者の立場からすれば、もっと史料を大切にす
べきではないかと思うんです。

[22] これでもわたしは皆さんよりも経験をつんでいる<u>わけで</u>、
それでこのような提案をさせてもらっている<u>わけです</u>。

[23] 私も北海道の北の方にいる<u>わけですが</u>　　、地方裁判所
の支部なんかは裁判官も少ない<u>わけですし</u>、場合に
よっては裁判官がいない…。

[24] 今ご紹介に預かりました佐倉です。ずっと人類学をやっ
ておりますが、特に古い時代の人骨を調べまして、時
代的変化、人類の系統はどうなっているのか、どのよう
に進化してきたのか、骨とか歯とか古い時代の残された
人体の部分を研究してきた<u>わけであります</u>。


[21]は、「国史を専門にしている」という話し手自身の経歴などを根
拠にして、[22]は、「わたしは皆さんよりも経験をつんでいる」という
話し手自身の経験などを根拠にして、帰結をするものであると考え
られる。[23][24]も同様である。つまり、[21]〜[24]は、根拠にな
る先行文が表には現れていないが、経歴や経験などが根拠に
なってそこから導き出された「わけだ」であるということである。

　[21]〜[24]は、聞き手には「わけだ」をつける根拠のないものの
ように受け取られがちであるが、話し手には個人的な事柄が「わけ
だ」をつける根拠として働いているものと考えられる。つまり、「わけ

だ」と関連づけられる対象としては、聞き手と共有できる客観的なものが一般的であるが、聞き手とは共有できない話し手の内部にあるものもあるということである。たとえ聞き手が話し手の発言内容を共有できるものであってもそれは話し手の発言から「あ、そうか。あ、そうだ。」というふうに納得できるようなものであろう。[21]～[24]は、話し手が自分に関する個人的な事柄を根拠とし、そこから当然な事実として結論づける「わけだ」であるため、Q「わけだ」は先行文脈から主観的に関連づけられるものであると考えられる。

　[21]～[24]のような文は、先行文が現れていない上に、大概は話し手の発話によって事実関係が明らかにされる「わけだ」である。これらは、話し手自身に関する事柄を述べている文であるため、根拠になる客観的なことから位置づけられる一般的な「わけだ」と異なるものであろう。

## 4.2. 相手の話しや行為が根拠になる「わけだ」

　「わけだ」は対話文の中で相手の話しを根拠にし、話し手が主観的に結論づけるようなものがある。

　[25]～[28]は、主に対話文の中に用いられる「わけだ」であるが、これらは相手の話しを根拠にした話し手の主観的な判断を表す「わけだ」である。これらは、[8]～[19]の「わけだ」とは先行文との関連づけの仕方が異なっているものであると考えられる。

[25] 渉 「今度の日曜、鳥見に行くけど、来るか?」

リカ 「ううん、私はいいわ。でも先週も行ったんだか
ら、この週末くらいは映画でも行こうよ。家でツイ
ンピークスのビデオ見るのもいいんじゃない?」

渉 「ダメ。もう予定たてちゃったんだ、ビデオ見るな
ら一人でもいいだろ」

リカ 「どうでもいいけど、私は一体なんなのよ。こんな
にほっとかれて、一人で好きなことばかりして。私
といるより、鳥見てる方が楽しいって<u>わけ</u>?」(=2章
の[19])

[26] 達朗 「なあ、あや子。オレたちもう、つきあい始めて2
年半だよな。よく続いたよなあ。そろそろ、ちゃん
とした恋人として親や友達に紹介したいんだ。い
いだろ?」

あや子 「達朗、ナニ言ってんの?え? あたしたちって恋人
同士な<u>わけ</u>? 知らなかった。そんなこと確認し
あったことなかったと思うけどなあ。 そん なこと勝
手に決めないでよ。」

達朗 「オマエ、ナニ言ってんの? じゃ、ナニ? オレ
は、いったいオマエの何だった<u>わけ</u>?オレたち、
ただの友達だったって<u>わけ</u>? なんだよ、それ。わ
かったよ。もういいよ!」(=2章の[18])

[27] 順子 「ゴメン! 今日お母さんにつきあうことになっちゃっ

た。本当にゴメン! だって、どうしても一緒にきて
ほしいって言うんだもの。この埋め合わせは、今
度絶対するから。ね、いいでしょ、許して!」

真一 「順子、昨日は友達に頼まれて断れなかったよ
な。そのたびに、オレが我慢してるんだぞ。オレ
の約束が先なのに、どうしてそうなっちゃう<u>わけ</u>?
もういいかげんにしろよ! これじゃ、デートもできな
いだろ。いいかげん、オレを一番にしろよ」

順子 「ナニ言ってるの。真一が一番だから甘えてるん
じゃない。真一だったら、私の気持ち、わかって
くれると思ってたから」(=4章の[3]b.)

[28] 「わたしは君のことをなんて呼べばいい? 」

「そりゃあ、『監督』でしょう」

「でも、確かこのビデオ、わたしが監督のはずだけど」

「甘い! 山ちゃん、あんた、自分の実力わかってんの?
そりゃあ、あんたの　　業界じゃあ有名かもしれんけど、
こっちじゃ、駆け出しですよ。山ちゃん、あんた、デジ
カムのスイッチの位置だってわかんないじゃん。それで
監督なんか出来るっていう<u>わけ</u>? とりあえず、あんたと
おれの関係をはっきりさせとこうじゃないの」

「オーケイ、監督さん。君が監督だ。わたしは何をやれ
ばいい?」

「それがあんたのダメなとこなんだってば!」ピンは大声で

叫んだ。

「もう、山ちゃんてば、もろ『指示待ち族』じゃん。
元々、あんたの作品だろ？ 要するに、何を撮りたい<u>わ
け</u>？」

[25]の「私といるより、鳥見てる方が楽しいって<u>わけ</u>？」というのは、
話し手が相手の発言から、相手はそのように言っていないが、自
分の判断から主観的に導き出した結論であろう。つまり、「私とい
るより、鳥見てる方が楽しい」という発言を相手はしていないのに、
話し手はそれが相手の行動から当然なものとして出てくる帰結のよ
うに位置づけるということである。[26]の「あたしたちって恋人同士
な<u>わけ</u>？」「いったいオマエの何だった<u>わけ</u>？ オレたち、ただの友達
だった<u>わけ</u>？」というのも、相手がそのように話したからではなく、相
手の発言や態度などから、話し手が主観的に判断した結論であろ
う。[27][28]も同様である。

　[25]～[28]は「わけだ」と関連づけられる先行文が具体的には指
定できないものであるが、これらは一連の対話の中から相手の話
が根拠になって、そこから導き出された帰結の表現であると考えら
れる。これらが帰結を表す「わけだ」になるのは極めて自然な結果
であろう。つまり、[25]～[28]は「わけだ」と直接に結び付けられる
先行文がないのであるが、話し手が主観的に判断できる先行対話
を根拠にして主観的に下した結論を問い返すような形で表したもの
であろう。[25]～[28]の「わけだ」が一般的な「わけだ」と異なってい

るのは、これらが客観的な帰結過程を持つ「わけだ」ではなく、相手の話しから主観的に結論づけられる帰結過程を持つ「わけだ」であるという点である。このような「わけだ」は相手の発言や行動から導き出される主観的な結論を表す帰結、納得、捉え直しと同じような表現で、話し手が相手にその帰結や納得、捉え直しが正しいのかと聞き返す、あるいは確認しようとする話し手の気持を表すものであると考えられる。[25]〜[28]のような「わけだ」は、聞き手に対する話し手の否定的な気持を疑問の形で表す文体であり、「だ」が省略された「わけ」の形で用いられるのが一般的である。

　しかし、これらは[29][30]のように、丁寧体にすることもできるし、[31][32]ように帰結の表現にすることもできる。

　　[29]　私といるより、鳥見てる方が楽しいって<u>わけですか</u>。
　　[30]　あたしたちって恋人同士な<u>わけですか</u>。
　　[31]　私といるより、鳥見てる方が楽しいって<u>わけだ</u>。
　　[32]　あたしたちって恋人同士な<u>わけだ</u>。

[29][30]にみられるように[25][26]を丁寧体にすることができるというのは[25][26]が帰結を表す「わけだ」と同じものであることを意味するのである。さらに、[31][32]に見られるように、[29][30]を肯定文にすることができるが、肯定文にすれば[31][32]は一般的な「わけだ」になるのである。だとすれば、[25][26]は[31][32]という結論が正しいかということを聞く疑問文であると考えられる。つま

り、これらの「わけだ」は先行文から当然なものとして位置づけられる客観的な帰結の表現ではなく、先行文から当然なものとして位置づけるのが正しい帰結だろうという話し手の主観的な判断であろう。

「わけだ」は先行文から当然な帰結だと客観的に結論づけることも、主観的に結論づけることもできるのであって、その結論づけ方に違いがあるとしても、「わけだ」の関連づけの意味から離れるものではないのである。

以下のような「わけ」も同じものであると思われる。

[33] 何でそこまでして、自分の子どもをかばう<u>わけ</u>?

[34] すごくほっそりしましたね。本を見て、ダイエットした<u>わけ</u>?

[35] あなたを殺したい人間がいるっていうのに、一人で出かける<u>わけ</u>?

[36] そんなの、勝手に決められたら困っちゃうじゃん！ それに、それとその壷と、どういう関係がある<u>わけ</u>?

この「わけ」について谷守正寛(1998)は「相手の内面を根拠にする「わけだ」文」のところで、次のように述べている。

[37] (帰ろうとしている相手に向かって)「もう帰るわけ?」

先行文献の説明に従えば、[37]の「わけだ」は、2.4で説明されたような、顕在の事実の提示をする用法、または、ある確かな証拠があっての立言なのだということを言外に言おうとする用法、あるいは、既定の事実となっている事柄を再確認するような含みを込めて用いるものであろう。

本稿の考えによれば、このような場合にも根拠となるPが基本的に存在し、Qはそれからの帰結・結果でなければならない。[37]には、相手に帰ろうとする非言語的な情況はあるが先行する文や段落が存在しない。しかし「もう帰る」という行為をとる結果に至る理由が有る。それは、相手の気持の中に有る「帰りたい」という願望である。それを問うているのが [37]だとすればより整合的な説明できる。つまり、次の構図になる。

[38]　P[帰りたいから、]→Q[もう帰る]わけ?
　　　　　理由　　　　　　結果

Pに当る言語化された文がなくても、(理由→結果)というごく基本的な用法として「わけだ」が使われているのが分かる。Pに当るものは、2.4で見たような顕在物ではなく相手の内面にある目に見えない気持である。それを根拠Pとして、予め導いた帰結Qを確認のために問うているわけである。[38]では、「帰りたい」という相手の願望を間接的に尋ねることによって、結果的に、相手に帰って欲しくないという話者のムードが現れることもある。(pp.245-246)

120

さて、明示的な先行文のない「わけだ」の中には、次の[39]~[42]のように、特別な意味を持たず、ただ終助詞のように使われていると言われるものがある。

[39] 今日は飛行機で来た*わけ*、で、結構早く着いちゃった*わけ*、で…

[40] その問題、私、ぜんぜんわかんなかった*わけ*。それで、ほかの人に聞いた*わけ*。そしたら、だれも知らないって言う*わけ*。

[41] 私が帰ったらね、いとこの政ちゃんが来てた*わけ*。で、話してるうちにディスコに行こうということになって、友だちに電話した*わけ*。

[42] きのう新宿にいったらさ、偶然、引くんに会っちゃてさ、一緒に映画でも見ようってことになった*わけ*。それで近くの映画館に入ってみた*わけ*。そしたらさ、その映画がつまんなかった*わけ*よ。それで15分ぐらい見ただけで出ちゃったっていう*わけ*なの。


[39]~[42]は、形態的な面からすれば、[25]~[28]の「わけ(だ)」と似ている。しかし、[39]~[42]は、「わけだ」の「だ」が省略されたものとも、「わけだ」の基本的な意味である何かの帰結を表すものとも捉えられない異質的なものであると考えられる。つまり、[39]~[42]は「わけだ」ではなく、「わけだ」とは性質を異にする独立した

領域の「わけ」であると判断される。[39]～[42]は話し手が以前起った自分の行為や状態を思い出しながら順に断定していくのに用いられている「わけ」であり、文末に使われる「わけ」単独の用法として位置づけた方が自然ではないかと思われる。

　「わけだ」と同じように、「形式名詞＋だ」の形で使われる「のだ・ことだ・ものだ」は、これらとは異なる意味を表す「の・こと・もの」という終助詞としての用法が別にある。同じように考えると、[39]～[42]の「わけ」も「の・こと・もの」と同じように終助詞として認めるのが妥当ではないであろうか。「わけ」の終助詞としての位置づけに関しては先行研究が見当たらず、今後さらなる研究が必要であると思われる。

## 5. 「わけだ」の意味のまとめ

　「わけだ」というと先行文との関係から位置づけられ、その意味が捉えられてきた。先行研究ではその関連づけの意味を帰結・納得・捉え直し、それに派生というふうに分類している。これらのうち帰結は理由や結果を表すものに分けられるが、派生というのは明確に位置づけられないものだと言うことにしかならないであろう。

　「わけだ」は根拠から導き出される当然な帰結としての様々な意味を表すが、一般に文脈があっての位置づけである。広義の観点からすれば、「わけだ」は全てが一つの意味を表すと捉えられる

であろうが、しかし、派生を表す「わけだ」は文脈が表に現れておらず、先行研究ではこれを帰結・納得、捉え直しを表す「わけだ」とは異なる意味を表すものと見る立場と、既存の意味と同類のものと見る立場が存在するが、文脈が表に現れていない派生の意味の「わけだ」は、帰結・納得・捉え直しを表す「わけだ」の一種ではないかと思われる。

　また、先行文のないものについては触れない研究もあれば、先行文がなくても文脈がその役割をするという研究もある。つまり、関連づけが比較的に明確な対象から「わけだ」の意味を捉えており、いずれの研究も「わけだ」の意味を総合的に捉えているとは思えない。

　「わけだ」は、PとQの関係から位置づけられるが、そのために、本書は、先行文のあるものと、ないものを区別し、それぞれの場合におけるPとQの関係が異なるのかどうかということを考察の内容にした。また、PとQの間に存在する論理的な関係が意味するところと、さらに、PとQの関連づけの在り方について考察するのが、「Qわけだ」が用いられる理由についての総合的な考察であると考える。

　「わけだ」はPとQの関係からその意味が規定されるが、先行研究は関連づけられる先行文が明確なものを中心にして、その意味を捉えており、そこで提示している捉え方で「わけだ」の意味を規定することは妥当であると思われる。つまり、「わけだ」は、まず、「PとQが共に明示的でその関連づけが客観的な場合」からその意

味を捉える必要があり、次のように分類できる。

    * PとQが明示的でその関連づけが客観的な場合

(1a) 理由の帰結

    [43]　熱もあるし、のども痛い。かぜをひいた<u>わけだ</u>。

(1b) 結果の帰結

    [44]　3時に着いて4時には出た。たった1時間しかな
かった<u>わけだ</u>。

(2) 納得

    [45]　あれは産地直送か。道理で安い<u>わけだ</u>。

(3) 言い換え、捉え直し

    [46]　もう8月下旬か。9月も近い<u>わけだ</u>。

「わけだ」の意味は、Qの根拠になるPが文中に表れ、PとQの関連
づけが客観的に行われるものから、最も正確に捉えることができる
であろう。これに従って「わけだ」の意味を捉えると、「わけだ」は先
行研究が述べている「帰結」「納得」「言い換え」などを表すものとに
分類することができるであろう。つまり、一部取り残されてしまう部
分はあるものの、その限られた「わけだ」におけるPとQの関連づけ
が表す意味に関する捉え方は概ね正しいと思われる。

　しかし、「わけだ」は先行文が明確でないものもあり、これらは考
察の対象から除かれ、結果的に「わけだ」の意味は限られた用例
に基づいて定義づけられていると思われる。それで排除されてい

124

る先行文が明確でない「わけだ」を取り上げ、これらの「わけだ」が
どのような意味を表すかについての考察という課題が残される。つ
まり、「QのPが明示的ではなく、その関連づけが主観的な場合」
の「わけだ」を捉えることが「わけだ」の意味を総合的に捉えることに
なるのである。

　　＊ QのPが明示的ではなく、その関連づけが主観的な場合
(1) 帰結
　　　[47] 毎年、私たちはこの時期に、一年の研究成果を発
　　　　　 表しているわけでありますが、研究している野鳥の
　　　　　 生態といいますのは、大変に地味でありまして、一
　　　　　 年に一度のこういった研究発表の場は、私たちに
　　　　　 とって、大きな励みでもあります。

　　　[48] そのとき、知らない人に急に話しかけられたわけ、
　　　　　 で、びっくりしたわけ、で、それからね、……

(2) 納得
　　　[49] 順子　「ゴメン！ 今日お母さんにつきあうことになっ
　　　　　　　　 ちゃた。本当にゴメン！ だって、どうしても
　　　　　　　　 一緒にきてほしいって言うんだもの。この埋
　　　　　　　　 め合わせは、今度絶対するから。ね、いい
　　　　　　　　 でしょ、許して!」
　　　　　 真一　「順子、昨日は友達に頼まれて断れなかった
　　　　　　　　 よな。そのたびに、オレが我慢してるん

だぞ。オレの約束が先なのに、どうしてそう
なっちゃう_わけ_? もういいかげんにしろよ! こ
れじゃ、デートもできないだろ。いいかげ
ん、オレを一番にしろよ」

順子 「ナニ言ってるの。真一が一番だから甘え
てるんじゃない。真一だったら、私の気持
ち、わかってくれると思ってたから」(=[27])

(3) 捉え直し

[50] 渉 「今度の日曜、鳥見に行くけど、来るか?」

リカ 「ううん、私はいいわ。でも先週も行ったんだか
ら、この週末くらいは映画でも行こうよ。家
でツインピークスのビデオ見るのもいいん
じゃない?」

渉 「ダメ。もう予定たてちゃったんだ、ビデオ
見るなら一人でもいいだろ」

リカ 「どうでもいいけど、私は一体なんなのよ。
こんなにほっとかれて、一人で好きなことば
かりして。私といるより、鳥見てる方が楽し
いって_わけ_?」(=[25])

[51] 達朗 「なあ、あや子。オレたちもう、つきあい始
めて2年半だよな。よく続いたよなあ。そろ
そろ、ちゃんとした恋人として親や友達に紹
介したいんだ。いいだろ?」

あや子 「達朗、ナニ言ってんの?え? あたしたちって恋人同士な*わけ*? 知らなかった。そんなこと確認しあったことなかったと思うけどなあ。そんなこと勝手に決めないでよ。」

達朗 「オマエ、ナニ言ってんの? じゃ、ナニ? オレは、いったいオマエの何だった*わけ*? オレたち、ただの友達だったって*わけ*?なんだよ、それ。わかったよ。もういいよ!」

(=[26])

[52] 「坂木、あのばばぁを連れてこい」

「ええっ!それを僕がやる*わけ*?でも、なんて言えばいいんだい?」

[53] 「勝負よ勝負!、負けた方は、勝った方の言うことを何でも聞くのよ!」

「え～～～?」

「なによぉ、文句ある*わけ*?」

「ない、です」

「それじゃあ、いくわよ!」

[54] 「頼むよ…、これ以上反抗されると、俺としてもそういう生徒だと内申 書に書かなくちゃいけないんだ」

「…脅される*わけ*ですか?」

「そうじゃない!、が、日本史や古典まで万能じゃないだろう?、理数系 は強くても」

127

「わけだ」の意味は関連づけから捉えられるものであるが、だとしたら、わけだ」には必ずPとQの関係が存在しなければならないと言うことになる。PとQの論理的な間係が何かということを捉えるのが「わけだ」の意味分析になるのであるが、このPとQの関係が客観的なものとは言えない主観的な場合もあり、それらも分析の対象に入れなければ、「わけだ」を総合的には捉えられないと思われる。

　PとQの関係が主観的な場合を対象から除くと、「わけだ」は例外的なものが多く生じるが、PとQの関係が主観的なものを分析すると、これらの「わけだ」も、PとQの関係が客観的なものと意味的な違いはあまり見られない。つまり、明示的ではないPと関連づけられるとQとの関係の仕方が主観的ではあるが、これらのQも、Pから当然な成り行きとして帰結されるものとして位置づけられ、帰結や納得、言い換えなどの態度を表すものと考えられる。

　また、「わけだ」には「QのPが明示的ではないが、その関連づけが客観的な場合」のものもあり、これらについての位置づけも必要であろう。


＊ QのPが明示的ではないが、その関係づけが客観的な場合
(1) 帰結
　・一般的な事実
　　[55]　君だって、いずれは年をとるわけだから、年寄りは
　　　　　大事にすべきだよ。(=[13])

128

[56] 戦争は大きな犠牲を伴う<u>わけで</u>、我々は、何として
もこれを避けなければならない。(=[14])

・既定の事実

[57] 二時の新幹線に乗る<u>わけだ</u>から、五時には大阪に
着くでしょう。

[58] 4人とも車で来る<u>わけだから</u>、うちの前にずらっと4
台路上駐車することになるね。(=[1]a.、[8])

・明らかになった事実

[59] 小池さんは何年もインドネシア駐在員だった<u>わけ</u>
<u>から</u>、インドネシア語が話せるのは当然です。

[60] あの議員は履歴を偽って国民をだましていた<u>わけ</u>
<u>だから</u>、辞職は当然のことだ。


これらの「わけだ」も、文面上ではPとQの関係が明確ではないもの
である。つまり、根拠になるPが文に明示的に現われていないので
ある。しかし、これらはQの根拠になるPが、文には現われていな
いが、一般的な事実や常識、また、ある既定の事実として存在し
ているため、それが根拠になり、そこからQが導き出されるだと思
われる。これらは一般的な事実や既定事実から再び当然な帰結と
して位置づけられる「わけだ」であると言わなければならないであろ
う。これらの「わけだ」も先行文が明示的ではないものであるが、P
とQの関係は先行文がある「わけだ」と同じであるということである。
　結局、「わけだ」の意味は、PとQの関係を捉えることから規定さ

れるものであるが、そのためには、まず、文脈から**P**と**Q**が何であるかということと、**P**と**Q**の関連づけ方、つまり、主観的か客観的かということを正確に捉えなければならないであろう。このような条件を考え合わせると、「わけだ」は「帰結」「納得」「言い換え」という意味を表し、それを維持する範囲内で「疑問」などの意味を表すものと考えられる。

## 6.　結び

　「わけだ」は、関連づけを表し、関連づけられる先行文との関係からその意味を捉えるのが一般的である。しかし、「わけだ」の中には関連づけられる明示的な先行文が直接に現れていない場合や、当然な帰結として位置づけられる意味が主観的に捉えられる場合などがあり、そうした場合には「わけだ」の意味を正しく規定するのは難しい場合がある。

　本章では、明示的な先行文のない「わけだ」と、根拠と帰結の関連づけが話し手の発言や判断による「わけだ」を中心にその意味を捉えた。つまり、先行文というものをどう位置づけるべきかということと、先行文から導き出される当然な帰結という意味をどう解釈すべきかということを中心に「わけだ」の意味を考察した。

　「先行文」というのは「わけだ」になるための情報や根拠として働いていればよく、つまり、何かの文脈であってもよいのであって、

それが必ずしも先行文として「わけだ」の前に存在する必要はない
のである。「わけだ」の先行文として働く文脈とは、明示的に現れ
ていない事実でも、一般に通用する常識でもかまわないのであ
る。

　また、「わけだ」の帰結過程とは、客観的な外部の情報から導か
れる場合もあるが、話し手の内部の情報、つまり、話し手の経歴
や経験などから導かれる場合もあり、このため、話し手が自分に関
する事柄を述べる際に「わけだ」を用いるようになるのだと思われ
る。さらに、対話の中で相手の話や行為が根拠になって結論づけ
られる、つまり、根拠から導き出される帰結への過程が客観的で
はない「わけだ」を示し、「わけだ」の意味を決定する多様な要素を
提示できたと思われる。

# 第Ⅱ部

# 「わけだ」の類似形式

# 第4章

# 「わけだ」と「からだ」

## 1. 問題設定

第2章と第3章で確認したように、「わけだ」というのは多様な意味を持っている。その中には他の形式と類似した意味を表し、当該形式間における意味の差を究明しなければならないものがある。特に、外国人学習者においてはその使い方が正しく理解されず、間違いが生じる場合も少なくない。しかし、これらについてはいまだに明確な捉え方が提示されていないように思われる。そこで、前章までで総合的に捉えた「わけだ」の意味を踏まえて、以下では「わけだ」の類似形式(「からだ」、「はずだ」、「ことになる」)との意味関係について考察を行いたいと思う。

先行する文からの自然な成り行き、必然的に導き出される帰結を表す「わけだ」は、結果を表すものと、原因や理由を表すものとに細分されるが、そのうち原因・理由を表す「わけだ」は「からだ」と

意味的な類似性を持っているのである。つまり、両形式は言い換えられる関係にあり、その意味関係が問われるのである。


[1] a. 姉は休みの度に海外旅行に出かける。日常の空間から脱出したい<u>わけだ</u>。

b. 山田君は就職難を乗り越えて大企業に就職したのに、結局3カ月でやめてしまった。本当にやりたかった音楽関係の仕事をめざすことにした<u>わけだ</u>が、音楽業界も就職はむずかしそうなので、心配している。

[2] a. 試合に出なかった。骨折した<u>からだ</u>。

b. この書類を受け取ることはできません。締め切りを過ぎている<u>からです</u>。


[1]と[2]は理由を表すものであるが、[1]は「わけだ」によって、[2]は「からだ」によって表現されている。つまり、「わけだ」と「からだ」がともに理由という一つの意味を表しているのである。「わけだ」と「からだ」双方とも理由を表しているため、両形式の間に言い換えの可能な場合があるのであるが、だからといってすべての文がそうとは限らない。[1]のa.とb.の「わけだ」はいずれも「からだ」に言い換えられる。しかし、[2]a.の「からだ」は「わけだ」に言い換えられるが、[2]b.の「からだ」は「わけだ」に言い換えられない。つまり、これは、「わけだ」と「からだ」が表す理由に意味の違いがあるというこ

とを意味する。理由を表す「わけだ」と「からだ」において、「わけだ」は「からだ」に言い換えられるのに対して、「からだ」は「わけだ」に言い換えられる場合と言い換えられない場合があるのは何故であろう。

　先行研究では、理由を表す「わけだ」と「からだ」の意味関係について明確にしていないところがあり、本章では、理由を表す「わけだ」の意味を明確にするため、「わけだ」と類似した「からだ」を取り上げ、類似した意味にどのような違いがあるのかということを明らかにし、「わけだ」と「からだ」の意味関係を捉えることにする。


## 2. 先行研究とその検討

　理由を表す文法形式には「から・ので・ため」などのように様々なものがあり、モダリティ形式である「わけだ」も理由を表す場合があるという点でその一つになるであろう。

　理由を表す「わけだ」は「からだ」とその意味が似ており、両形式間の言い換えが問題になる。しかし、両形式の意味はそれぞれ個別的に捉えられる傾向が強く、類似した意味の関連性などは深く取り上げられていない。

　一つの意味領域に入っている「わけだ」と「からだ」の使い分けを明確に捉えることは容易ではない。まして、外国人学習者が両形式を正しく使い分けるのは極めて難しいことであろう。「からだ」に

すべきものを「わけだ」にする日本語学習者の誤用例の出現はその
ゆえである。

　松岡弘(1987)は「わけだ」と「からだ」について次のように述べて
いる。


　　「わけだ」を正しく用いることは、外国人学生にとってかなり難
　　しいことである。「わけだ」にまつわる日本語の誤用例(実際に
　　留学生が作文に書いたもの)を以下に示す。
　　a. けれども、それは完全に科学のせいではない。それは政
　　　　治家が 科学を利用するわけである。

　　　　　　　　(シンガポールからの学生の作文より採集したもの)
　　b. 義務教育は、大都市では小学校になっていますが、小都
　　　　市では中学校までになっています。その理由は、大都市
　　　　では大部分の学生が中学校まで行く財政的能力があるわ
　　　　けです。(韓国人学生)
　　c. 彼は時々おいしい料理を作ってくれます。彼の方が私より
　　　　料理が上手なのです。多分、私より彼の方が「食べる」こと
　　　　が好きだというわけでしょう。

　　　　　　　　　　　(フランス人学生)(以上3例とも原文のまま)
　　実は、「わけだ」の使用にかかわる誤用例は内容がかなり多岐
　　にわたっているので問題点を「のだ」との関連で把える目的も
　　あって、上の例は同じ性質の誤用例に限定した。すなわち、
　　上の例a, b, cの下線部分はいずれも「からである」「からです」

138

「からでしょう」と言うべきところを「わけだ」を使ったのである。つまり間違いをおこした学生は、「わけだ」は「からだ」と同じく、理由を示すと理解していたことになる。(p.4)

松岡弘(1987)は、「わけだ」の誤用例から「わけだ」と「からだ」の混同を取り上げ、それについて述べている。つまり、「わけだ」も「からだ」と同じように理由を表すことから、「からだ」にしなければならない文を、「わけだ」にしたということである。「わけだ」と「からだ」が同じように理由を表すので、両形式における意味の違いが理解されない限り、その使い分けに誤用が生じるのは、松岡弘(1987)の述べる通りである。しかし、松岡弘(1987)は、これらの誤用は両形式の類似性から生じる現象であると指摘するに止まり、誤用の原因である「わけだ」と「からだ」の意味の違いについては触れていない。

「わけだ」と「からだ」の誤用例が何故発生するのかという理由、つまり、「わけだ」が表す理由と「からだ」が表す理由にどういう意味の違いがあるのかということが究明されるべきであろう。さらに、両形式の言い換えの問題についての考察も必要であろう。

以上のような松岡弘(1987)の指摘と問題点から、その後、「わけだ」と「からだ」の意味の違いについて、劉向東(1996)、市川保子(1997)、谷守正寛(1998)、横田淳子(2000)などの分析が続いた。以下、これらの先行研究を順に検討しながら、理由を表す「わけだ」と「からだ」の意味を再吟味し、両形式が表す意味特徴に

ついて考察していきたい。

劉向東(1996)は、「理由についての補足的な説明」のところで、「わけだ」と「からだ」について次のように述べている。

> このタイプの「わけだ」は、3-2-bで述べるものと共に「あるコトに対する補足的説明」という用法に入り、Qを正確に理解してもらうためにQをどのように理解し読み取るべきかを念を押して述べるものである。この場合、PとQの間には接続表現がほとんど見えない。(∅と表記する。)
>
> [……中略……]
>
> このような理由についての補足的説明を表わす「Q⇐∅=Pわけだ」では、「わけだ」は「からだ」に言い替えることができる。ただ、この二つの表現の間には本質的に区別がある。「からだ」は原因・理由を表わす接続助詞「から」判断の助動詞「だ」がついたものであり、「なぜ・どうして…か」のような原因・理由を問う質問に答える単なる理由表示の表現であって、説明の機能はない。一方、「わけだ」は説明のムードの助動詞であり、あくまでも説明の役割を果たすものであって、「なぜQでしたか」、「Q。それはなぜか」に答えるのに使えない。(pp.54-55)

劉向東(1996)は「わけだ」と「からだ」に本質的な違いがあると述べながら、その違いを理由を問う質問に答えられる表現であるのかどうかということと、説明の機能があるのかどうかで捉えている。しか

し、説明の役割で「わけだ」と「からだ」の意味関係を明確にしているとは思われない。

　ここで、「わけだ」と同様に説明のモダリティ形式であるとされる「のだ」と「からだ」の違いついて分析した田野村忠温(2002)の、次のような内容を参照されたい。

　　いずれの見方をするにせよ、「のだ」が説明を表すと言っても、同じく説明の表現であるとされる「からだ」と比べると、説明ということが実現される過程が異なっていることに注意しておく必要がある。すなわち、「βのだ」は、ことがらαの背後にはどのような事情があるかを問題とするものであり、βがたまたまαの原因や理由である場合、説明という効果が生じるに過ぎない。これに対し、「βからだ」においては、αとβが因果関係にあることを積極的に表現する。(p.36)

田野村忠温(2002)は「のだ」だけではなく「からだ」も説明を表すとし、両形式は、その説明が表現される過程が異なっていると述べている。つまり、田野村忠温(2002)は「「からだ」は説明の機能がない」と述べた劉向東(1996)とは違う捉え方をしているのである。以上のような劉向東(1996)と田野村忠温(2002)からすると、「のだ」と「からだ」の違いを単に ′説明の機能の有無′ という基準だけでは捉えにくいところがあると考えられる。

　そこで、次節において、同じく理由を表す「のだ」と「からだ」につ

いて、新たな観点から捉え直してみたいと思う。

　市川保子(1997)は『日本語誤用例文小事典』で、「わけだ」の誤
用例として次の(3)と(4)を挙げている。


　　[3]　先生にしかられたのは、宿題をちゃんとやらなかったわ
　　　　けだ(→からだ)。
　　[4]　石油の価格が上がることは、中近東に問題があって、
　　　　石油の生産が停滞しているわけだ(→からだ)。


市川保子(1997)は、[3]と[4]を「からだ」にしなければならない誤用
例であると指摘しながら、この誤用の傾向について次のように述べ
ている。


　　ことの成り行きやものの道理などから必然的にそのような結論
　　に達することを表すのが「わけだ」の基本的な意味・用法であ
　　るが、学習者は短絡的に、「わけだ」＝「理由づけ」と考えてし
　　まい、しばしば[3][4]のような「からだ」と混同してしまう。「わけ
　　だ」と「からだ」の構文的な違いは次のようになる。
　　　[5]　先生に叱られたのは、宿題をしなかったからだ。
　　　　　　　結果　　　　　　　理由＋「からだ」
　　　[6]　宿題をしなかったから、先生に叱られたわけだ。
　　　　　　　理由　　　　　　　結果＋「わけだ」　　(p.72)


142

市川保子(1997)は、「わけだ」と「からだ」は構文的な違いがあると述べながら、[5]と[6]のように「わけだ」と「からだ」の一般的な意味構造を示すだけで、松岡弘(1987)と同じように、[5]と[6]のような誤用例が生じる原因である「わけだ」と「からだ」の意味の違いについては触れていない。[5]のような理由を表す「からだ」と[6]のような結果を表す「わけだ」の構文的な違いからは、理由を表す「わけだ」と「からだ」の意味の違いを捉えることはできない。両形式間における意味の違いを理解するためには、同じ意味を表す構文からの分析が必要であろう。つまり、両形式の意味構造から発展して、同じ理由を表す場合、[5]のような「理由＋からだ」と、それから[6]のような「結果＋わけだ」ではなく、理由を表す文としての「宿題をしなかったわけだ」のような「理由＋わけだ」から、その意味の違いを捉えなければならないであろう。庵功雄他(2001)も「関連づけを表す「わけだ」と「からだ」」のところ(p.246)で、「のだ」と共に「からだ」と「わけだ」の意味について捉えているが、市川保子(1997)と同様に両形式の意味構造を示すだけで、構文的な違いは捉えているものの、理由を表す「わけだ」と「からだ」の意味の違いについては捉えておらず、同じことが言えるのである。

　谷守正寛(1998)は、劉向東(1996)を言及しながら、「わけだ」と「からだ」について次のように述べている。

　　[7b]の「わけだ」は結果を表し、理由を表す[7a]の「からだ」とは正反対の働きをしていることが分かる。そして、この「わけだ」

は結果を表す部分に後接しているので、理由について補足
的に説明するという「わけだ」があるとすれば正反対の働きを
することになる。だから、「からだ」に置き換えられるのだろう
か。次例を見られたい。

[7]　「すみません。遅刻しました。」

　　　a．「また寝坊した<u>からですね</u>。」

　　　b．「また寝坊した<u>わけですね</u>。」

このように、遅刻したという発言に対する返答として[7a]も[7b]
も可能であるために、「わけだ」が「からだ」と同じように、理由
をも(補足的に)説明すると考えられるようだ。そうであれば、
結果・帰結を表す基本的な用法とは正反対の使い方になる。
そこで、本稿では、「わけだ」と「からだ」について新たな観点
から分析し、[8a-b]の論理の構図をそれぞれ次のように捉え
る。

[8]　a．　<u>遅刻した</u>　→　<u>また寝坊した</u> (からだ)

　　　　　　結果　　　　　理由

　　　b．　<u>遅刻した</u>　→　<u>また寝坊した</u> (わけだ)

　　　　　　根拠　　　　　帰結

つまり、「からだ」を使う[8a]では、「から」に前接する部分が先
行する節の述べる出来事が生じた理由を表しているのに対し
て、「わけだ」を使う[8b]では、「わけの前接部分が先行する
節に述べられた命題を根拠として導き得られた判断の内容を
表しており、根拠(理由)と帰結(結果)の順序が「からだ」と「わ

144

けだ」とでは逆である。(pp.240-241)

谷守正寛(1998)は、[7]の論理の構図は、[8]a.と[8]b.のように、「わけだ」か「からだ」かによって、その論理の順序が逆になると述べている。谷守正寛(1998)が述べているように、「わけだ」の前接部分である「また寝坊した」は「遅刻した」という命題を根拠にして導き出された判断の内容である。つまり「わけだ」が表す結果・帰結というのはある対象から導き出されたもので、[7]の「遅刻した」という命題に対して、a.の「からだ」は直接的な理由を表すものとして、b.の「わけだ」はある根拠から推論された理由を表すものとして捉えられる。[7]a.と[7]b.は両方とも同じ理由を表しており、[8]のように「わけだ」と「からだ」において根拠(理由)と帰結(結果)の順序が逆であるという捉え方は理解しにくい。つまり、谷守正寛(1998)の「ムードの「わけだ」と実質名詞の「訳」＋「だ」のいずれの場合においても、「わけだ」に接続するのは、あくまで、理由ではなく結果・帰結を表わす節なのである。(p.241)」のような根拠＝理由、帰結＝結果という捉え方は、必ず根拠になるものが理由を表すものしかないということになるからである。[8]b.の「わけだ」が表す帰結というのは「寝坊した」という理由が「遅刻した」という根拠から導き出された帰結であると捉えるのが自然であろう。

　横田淳子(2000)は「わけだ」の分類の中で帰結用法を二つに分け、その一つである原因・理由を表す「わけだ」について次のように述べている。

「Y。Xわけだ」の形を取り、事柄Yの原因・理由を判断したり確認したりする。「わけだ」のついた節が論理的な筋道の帰結として出てきたことを主張する「帰結用法」のうち、「わけだ」のついた節が事柄の原因・理由Xである表現である。

[……中略……]

この「Xわけだ」は「Xからだ」と意味が近いが、「からだ」が単純に理由を述べているのに対して、「わけだ」の場合は話者が既知の事柄Yから導き出した(判断した)「理由」であることを主張している。

　[9]　熱もあるし、のども痛い。かぜをひいたわけだ。

客観的な状況としては、風邪をひくという事柄Xがあり、その結果、熱があり、のどが痛いという状態Yになる。つまり、風邪をひくが原因で、熱やのどの痛みはその結果である。その証拠に「風邪をひいたから熱もあるし、のども痛い」とは言えるが、「熱もあるし、のども痛いから、風邪をひいた」とは言えない。しかし、話者の認識の上では「熱やのどの痛み」という状態Yをまず感じ、そこからX「風邪を引いた」と判断を下すのである。(p.57)

横田淳子(2000)は「話者の認識の流れ」からして、「わけだ」と「からだ」が表す理由の意味が異なっていると述べている。「わけだ」の表す理由を認識の流れから捉えるのは自然なことであろう。しかし、「わけだ」と「からだ」の意味をただ「単純な理由」と「既知の事柄

146

から判断した理由」と捉えるのは十分ではないと思う。

　以上、先行研究で「わけだ」と「からだ」の捉え方を検討してきた
が、松岡弘(1987)、市川保子(1997)は「わけだ」と「からだ」の混
同についてただ指摘するに止まっており、劉向東(1996)、谷守正
寛(1998)、横田淳子(2000)は「わけだ」と「からだ」の意味の違いに
ついて述べてはいるが、依然として十分ではないところがある。

　以下、先行研究を踏まえながら「わけだ」と「からだ」が表す理由
の意味の違いについて考察していきたい。

## 3. 「わけだ」と「からだ」の違い

　関連づけを表すとされる「わけだ」と「からだ」はともに理由を表す
が、この二つの形式が表す「理由」には意味の違いが存在すると
考えられる。次の[10]〜[12]のような文から、「わけだ」と「からだ」
の意味の違いについて考えてみたい。

　　[10]　昨日学校を休んだ。
　　　　　a. 風邪を引いた<u>からだ</u>。
　　　　　b. 風邪を引いた<u>わけだ</u>。
　　[11]　試験に落ちた。
　　　　　a. 勉強しなかった<u>からだ</u>。
　　　　　b. 勉強しなかった<u>わけだ</u>。

147

[12] 山田さんが辞職した。

a. 部長との関係が修復できなかった<u>からだ</u>。

b. 部長との関係が修復できなかった<u>わけだ</u>。

[10]～[12]は、ある一つの結果から提起される理由を表す文に「からだ」と「わけだ」がともに用いられることを表している。[10]～[12]のa.とb.は同じように理由を表していながら、a.は「からだ」によって、b.は「わけだ」によって表現されている。[10]a.は「休んだ」という結果から、その直接的な理由である「風邪をひいた」ということを「からだ」で表現したものであるのに対して、[10]b.は「休んだ」という結果から、話し手がその理由たるものを考え、それは「風邪をひいた」からであると納得し、その納得したことを「わけだ」で表現したものである。[11]a.は「落ちた」という結果から既知の理由である「勉強しなかった」ということを「からだ」で表現したものであるのに対し、[11]b.は「落ちた」という結果から「勉強しなかった」という理由があると推論し、つまり、話し手が「試験に落ちた」理由として「勉強しなかった」という事実があると推論したことを「わけだ」で表現したものである。同様に、[12]a.は「辞職した」という結果から、「部長との関係が修復できなかった」ということを「からだ」で直接的な理由として表現したものである。これに対して、[12]b.は「辞職した」という結果から、その理由を「部長との関係が修復できなかった」からであると納得し、話し手が推論して納得した理由を「わけだ」で表現したものである。

　以上のように「わけだ」と「からだ」は両方とも理由を表すが、「わ
けだ」は前件で起きた状況から、考えたり納得したりして、それを
理由として提示するものであるのに対して、「からだ」は前件で起き
た状況、あるいは質問に対して要求される理由、つまり心的態度
を表さないただ事実的な理由を提示するという点において根本的
に異なっていると考えられる。「わけだ」はある状況から(思考過程
を経て)解釈した理由を提示するものであるため、話し手の心的態
度を表すモダリティ形式に当たるのである。そのために「わけだ」は
質問に対する直接的な理由として用いられることはない。つまり
「わけだ」の表す理由はある前提(あるいは結果)から導き出された
理由で、その背景には推論の過程が内在するのである。

　次の[13]～[17]は、松岡(1987)と市川(1997)が「わけだ」では不
自然な文として挙げているものである。

[13]　けれども、それは完全に科学のせいではない。それは
　　　政治家が科学を利用するわけである。

[14]　義務教育は、大都市では小学校になっていますが、小
　　　都市では中学校までになっています。その理由は、大
　　　都市では大部分の学生が中学校まで行く財政的能力が
　　　あるわけです。

[15]　彼は時々おいしい料理を作ってくれます。彼の方が私
　　　より料理が上手なのです。多分、私より彼の方が「食べ
　　　る」ことが好きだというわけでしょう。

149

[16]　先生にしかられたのは、宿題をちゃんとやらなかった<u>わけだ</u>。 (=[3])

[17]　石油の価格が上がることは、中近東に問題があって、石油の生産が停滞している<u>わけだ</u>。 (=[4])

[13]と[14]は、前の文に対する理由を直接的に表しているので、「からだ」を使わなければいけない文である。[13]の「それは」と[14]の「その理由は」などが前の文の内容を、推論の過程、あるいは納得の過程もなく、後の文に直接的に理由として提示する役割を担っていると言えよう。[15]は「彼の方が私より料理が上手だ」ということの理由あるいは根拠として「彼の方が食べることが好きだ」ということを提示しているが、これには何ら推論の過程など感じ取れない。つまり、単なる理由として提示しなければならないため、「からだ」にするのが正しいであろう。[16]は「先生にしかられた」ことに対する直接的な理由を表すもので、認識の流れの中で捉えられる理由としては位置づけられないものである。[17]は「価格が上がる」ということと「石油の生産が停滞している」ということを、推論の過程から位置づけるものではなく、結果に対する理由を直接的に示しただけのものである。[16]も[17]も「からだ」にすべきで、「わけだ」にすると誤用になるのである。[13]～[17]は、すべて何かを認識の流れの中で納得した形で提示する理由の文でないため、モダリティ形式である「わけだ」にはならず、単なる理由を表す「からだ」になるのである。つまり、[13]～[17]において「わけだ」が誤用になる

のは、「わけだ」が理由を表さないためではなく、これらの文が表す理由が推論の過程のないものであるからである。

　「わけだ」は、ある前提のPから推論すれば当然Qになる、ということを表すのが基本であるから、同じ理由を表す形式の中でも「わけだ」によって表される理由には、必ず推論の過程が存在しなければならないのである。

## 4. 「わけだ」と「からだ」の言い換え

　「わけだ」と「からだ」の両形式が言い換えられる場合とそうでない場合があるのは、両形式が表す理由に類似点と相違点があるということであろう。

　「わけだ」が「からだ」に言い換えられるというのは、両形式が同じ理由を表すという類似点があることを意味する。しかし、両形式が同じ理由を表すにも関わらず、「からだ」が「わけだ」に言い換えられない場合があるというのは、両形式が表す理由の意味に相違点があるということを意味する。

　本節では、「わけだ」と「からだ」の言い換えと関連して生じる問題を取り上げ、「わけだ」と「からだ」が表す理由の意味を捉えていくことにする。

　それでは、冒頭で取り上げられた例文を再引用しながら論を進めていきたい。

[18] a. 姉は休みの度に海外旅行に出かける。日常の空間
　　　 から脱出したいわけだ。(=[1]a.)

　　 b. 山田君は就職難を乗り越えて大企業に就職したの
　　　 に、結局3カ月でやめてしまった。本当にやりたかっ
　　　 た音楽関係の仕事をめざすことにしたわけだが、音
　　　 楽業界も就職はむずかしそうなので、心配してい
　　　 る。(=[1]b.)

　　 c. A: 川本さん、車大きいのに買いかえたらしいよ。

　　　　B: へえ。子供が生まれて前のが小さくなったわけだ
　　　　　 な。

　　　　A: いや。そうじゃなくて、単に新車がほしくなった
　　　　　 だけのことらしいけ ど。

　　 d. A: ぼく、今度一軒家に引っ越すことにしたんです
　　　　　 よ。

　　　　B: いいですね。でも家賃高いんでしょう。ってこと
　　　　　 は、お給料、けっ　こうたくさんもらってるわけで
　　　　　 すね。

　　　　A: いや、それほどでもないですけどね。

[19] a. 試合に出なかった。骨折したからだ。(=[2]a.)

　　 b. 道が濡れている。ゆうべ雨が降ったからた。

　　 c. この書類を受け取ることはできません。締め切りを過
　　　 ぎているからです。(=[2]b.)

　　 d. A: 今日は二日酔いだ。

B: きのうあんなに飲んだからだよ。

前述したように、[18]の「わけだ」はいずれも「からだ」に言い換えられるが、[19]の「からだ」は、a.とb.のように「わけだ」に言い換えられるものもあり、c.とd.のように「わけだ」に言い換えられないものもある。[19]a.は「試合に出なかった」という結果に対した直接的な理由を「からだ」でもって表現している。これは話し手が「試合に出なかった」という結果から推論の過程を経て、納得した理由として「骨折した」ということを提示することができるので、「わけだ」に言い換えることが可能になるのである。[19]b.も同様である。[19]c.は、「書類を受け取ることはできない」ということの単なる理由として「締め切りを過ぎている」ということを直接的に提示している。[19]d.は、「今日は二日酔いだ」ということについて話し手(B)が既に知っている理由である「きのうあんなに飲んだ」ということを提示している。しかし、これは前後の文をある推論の過程の中で位置づけられないため、「わけだ」に言い換えるのが不可能である。つまり、「からだ」はある事態に対する単なる理由を表すのに対して、「わけだ」はある事態から話し手が推論し納得した、理由を表すのである。

　理由を表す文法形式の中で「からだ」は単なる理由を含めて、その意味領域が広いが、「わけだ」は話し手が考えたり、感じたり、推論したりして、納得の過程の中で位置づけられる理由であるため、「からだ」より意味領域が狭いと言えよう。「わけだ」と「からだ」は理由を表すという点で共通した意味の実現が可能であるが、「わ

けだ」は「からだ」より意味領域が狭いため、理由を表す「わけだ」は
すべて「からだ」に言い換えられるが、意味領域が広い「からだ」は
「わけだ」に言い換えるのが可能な場合と不可能な場合が存在する
のである。

　結局、「わけだ」の前接部分が結果であろうと、理由であろうと、
「わけだ」は話し手がある事態に対して前後の関係の中から結果や
理由を導き出す、話し手の心的態度を表すモダリティ形式である
のである。


## 5. 結び

　一つの意味を表す複数の形式の意味を明確に規定することは
容易なことではない。これは、理由を表す形式についても同様で
あり、これらの形式間に存在する意味の違いを明らかにするのは
甚だ難しいことである。しかし、これは特に外国人学習者などに有
益となることが期待される、対照言語学的な観点からすれば、最も
重要な課題でもあるのである。

　まだ明らかにされておらず、その意味さえ正しく規定されていな
いのが「わけだ」であるが、この「わけだ」が表す意味と、「からだ」
が表す意味を明らかにするのは極めて重要なことである。

　本章では、理由を表す文に「わけだ」を用いた外国人学習者の
誤用例から、「からだ」と「わけだ」が表す理由の意味について考察

した。「わけだ」が表す理由は、対象から納得し、それを理由として位置づけたもの、つまり、話し手が何か認識の過程を経て位置づけたまさにモダリティの形式であり、そのような認識の過程のない直接的な理由を表す「からだ」とは異なっていることを明らかにした。納得の形として提示した理由の文でないと「わけだ」が用いられることはない。納得の形で提示した理由の文、つまり「わけだ」は「からだ」に言い換えられるが、言い換えられた「からだ」は「わけだ」が持っているモダリティ的な意味はなくなり、単なる理由を表す文になるのである。

# 第5章

# 「わけだ」と「はずだ」

## 1. 問題設定

　「わけだ」と「はずだ」は、話し手の心的態度を表すモダリティ形式で、話し手の判断がある状況から当然なものとして導き出されることを表す点で、両形式は共通した意味を持つ。従って、「わけだ」と「はずだ」は言い換えられる場合があり、その意味関係が問われるのである。

　たとえば、次の[1]～[6]は「わけだ」と「はずだ」が置き換えられる場合である。

[1]　a. 寒い<u>わけだ</u>。氷が張っている。

　　　b. 寒い<u>はずだ</u>。氷が張っている。

[2]　a. 事故があったのか。どうりで渋滞してる<u>わけだ</u>。

　　　b. 事故があったのか。どうりで渋滞してる<u>はずだ</u>。

[3] a. あかないわけです。かぎが違っているのですから。

   b. あかないはずです。かぎが違っているのですから。

[4] a. あんなにサービスが悪くちゃ、客が来ないわけだ。

   b. あんなにサービスが悪くちゃ、客が来ないはずだ。

[5] a. 今年の米のできが良くなかった。冷夏だったわけだ。

   b. 今年の米のできが良くなかった。冷夏だったはずだ。

[6] a. 彼女の父親は私の母の弟だ。つまり彼女と私はいとこ同士なわけだ。

   b. 彼女の父親は私の母の弟だ。つまり彼女と私はいとこ同士なはずだ。

そして、次の[7]～[11]は、「わけだ」と「はずだ」が置き換えられない場合である。

[7] a. 芦田川の峠卿のところ橋が落ちたのだそうだ。それじゃあ、バスが不通になるわけだ。

   b.*芦田川の峠卿のところ橋が落ちたのだそうだ。それじゃあ、バスが不通 になるはずだ。

[8] a. 斎藤さんのところ、先月赤ちゃんが生まれたそうですよ。—そうか、だから毎日早く帰宅するわけだ。

   b.*斎藤さんのところ、先月赤ちゃんが生まれたそうです

158

よ。―そうか、だ から毎日早く帰宅する<u>はずだ</u>。

[9]　a. 山本さん、結婚したらしいですよ。―ああ、そうだっ

　　　　たんですか。それで最近いつもきげんがいい<u>わけだ</u>

　　　　な。

　　b.*山本さん、結婚したらしいですよ。―ああ、そうだっ

　　　　たんですか。それ　で最近いつもきげんがいい<u>はず</u>

　　　　<u>だ</u>な。

[10]　a. 民子は死ぬのが本望だといったが、そういった

　　　　か……家の母があんなに身を責め泣かれるのも、そ

　　　　の<u>わけだった</u>。

　　b.*民子は死ぬのが本望だといったが、そういったか……

　　　　家の母があんなに身を責めて泣かれるのも、その<u>は</u>

　　　　<u>ずだった</u>。

[11]　a. 私は昔から機械類をさわるのが苦手です。だから未

　　　　だにワープロも使えない<u>わけです</u>。

　　b.*私は昔から機械類をさわるのが苦手です。だから未

　　　　だにワープロも使えない<u>はずです</u>。


以上で挙げた例は、第2章と第3章で分析した「わけだ」の意味から
分類してみると、置き換えの自然な[1]～[4]と置き換えの不自然な
[7]～[10]は納得の意味を表し、置き換えの自然な[5]と置き換え
の不自然な[11]は帰結の意味を表すのである。そして、置き換え
の自然な[6]は捉え直しの意味を表す場合である。このようなことか

ら「わけだ」と「はずだ」は納得や帰結といった同じ意味を表しながらも置き換えができないような場合もあるということが分かる。つまり、これは、「わけだ」と「はずだ」が表す納得や帰結といった意味にも違いがあるということを意味する。そうすると、「わけだ」と「はずだ」が表す納得や帰結などにおける意味の違いは何であるかという点を究明しなければならないと考えられる。

　このような「わけだ」と「はずだ」の意味関係を明らかにするためには、両形式の意味を確認し、類似点と相違点を捉えなければならないであろう。そのために、まず「わけだ」の意味については、第2章と第3章で帰結(原因・理由、結果)、納得、捉え直しなどという分類に従って差し支えないと考えられる。さて、問題は「はずだ」の意味であるが、本章ではまず「はずだ」に関する代表的な論考を検討し、その意味を確認することにする。その後、「はずだ」の意味と「わけだ」の意味を照らし合わせて、類似関係にあるような意味を確認しておこう。次に、そのような内容を踏まえて、本格的に「わけだ」と「はずだ」の意味関係に関する先行研究を検討する。最後に、「わけだ」と「はずだ」の間にある本質的な相違点を明らかにし、両形式の言い換えを捉えることにする。


## 2.「はずだ」の意味

話し手がある根拠に基づいて判断したことを表す形式には「だろ

う」「そうだ」「ようだ」「らしい」などのように様々なものがある。「はず
だ」は、ある根拠に基づく話し手の判断を表すという点で「だろう」
「そうだ」「ようだ」「らしい」と同じようなカテゴリに属するが、話し手が
ある事実や情報などを根拠にして当然であると判断したことを伝え
る表現であるという点で「だろう」「そうだ」「ようだ」「らしい」とは異な
る。このように「はずだ」文は、ある根拠に基づいて当然であると結
論づけたことを表すため、「だろう」「そうだ」「ようだ」「らしい」より確
信度が高いと言えるのである。

　先行研究では、基本的に「はずだ」はある根拠にもとづいて当然
そうであると考えたことを述べる場合に用いられるという点において
は共通しているが、研究者によっては次のように「はずだ」の意味
を細分して捉える場合もある。

　寺村秀夫(1984)は、「はずだ」について次のように述べている。


　　ある事柄の真否について判断を求められたとき、あるいは自
　　分で判断を下す　　べき場面に直面したとき、確言的には言え
　　ないが、自分が現在知っている事実(P)から推論すると、当
　　然こう(Q)である、ということを言うときに使われる。これがハズ
　　ダのふつうの使いかたであるが、

　　　　　　　　　　　[……中略……]
　　たとえば、ある相撲部屋へ行って、親方が不在で、
　　　[12]　親方ハ今日来ラレマスカ?
　　　　　と訊いたとする。[……中略……]


161

等々の事実を考え、それらの事実から推論して当然「来る」という結論になる、ということを言いたいときは、

[13] ハイ、来ル<u>ハズデスヨ</u>。

という表現になる。　　　　　　　　　　　(pp.266-267)

[……中略……]

最後に、もう一つのハズダの用法について記しておかなければならない。それは、

[14] フランスデ中学マデ行カレタノデスカ。道理デ、フランス語ガ流暢ナ <u>ハズデス</u>ネ。

[15] アノ大統領ハ演技ガウマイ<u>ハズダ</u>。モト俳優ダッタソウダ。

のように、ある事実(Q)について、どうしてそうなのかと思っていたら、その疑問に答えるための他の事実(P)─Pならば当然Qだと了解される、そういう事実─を知った、という状況で使われるものである。これは、次節で見るワケダの用法と似ている。実際に、こういう意味のハズダは、ワケダと言いかえることができる。この用法の場合は、必ず前後にPが現れている。あるいはそれが聞き手に理解されているという状況がある。(pp.271-272)


寺村秀夫(1984)は「はずだ」を、[13]のように、ある情報から事実の当為性を推論する場合に使われるものと、[14][15]のように、ある情報から事実の当為性を了解する場合に使われるものの二つに

分けている。前者の場合は、ある前提(P)から推論して得られた当然の帰結(Q)というようにも理解できるので、一種の帰結を表すとも言えるであろう。そして、後者の場合は、話し手の了解というのは、一種の納得とも言えると考えられる。

一方、森田良行・松木正恵(1989)は「はずだ」を三つに分けている。

① 自然の道理やそれまでの事情などから必然的にある結論が導き出されることを表す。

[16] 少なくとも相手が医者である以上わかってくれる筈(はず)だ。

[17] 「帰りの船もきめてしまった。あと百四十三日で神戸につくはずだ。」

[……中略……]

② ある事実や条件から必然的に導き出された結論が現状と食い違っている場合を表す。その真相が未知の段階であれば①の用法であるが、既知となった現実が先の結論(予想)と食い違うところに、"こんなはずではない""予想や約束と違う"といった不審・不可解の念が生まれるのである。従って、

　a. 彼は成績がもっといいはずだ。

と言った場合、いつもの彼の成績から推測して、"もっといいに違いない"と予想する場合なら①の用法となる。それ

が、実際に彼の成績がかなり悪くて、予想と現実にずれ
が生じていれば、"彼の成績はもっと言いはずなのに、お
かしいな"という不審を表す②の用法となる。もちろん、未
来の例には使えない。

[18]　しかし荘田の妻になる女が内田則子でないのを
　　　知って、オヤと思った。彼女は荘田の恋人だった
　　　<u>はずだ</u>。

[19]　多くの流行病は、終りに近いほど病毒が軽微にな
　　　る<u>筈な</u>のに、今年の 感冒は逆であった。

　　　　　　　[……中略……]

③　ある事実について、どうしてそうなのか疑問に思っていたと
　ころ、その答えとなるような他の事実を知って納得した、と
　いう状況を表す。事の真を知って、現状が当然の帰結で
　あったと悟る場合である。

[20]　「道理で寒い<u>はずだ</u>。外は雪が降っているもの。」

[21]　「もっとも変わる<u>はず</u>ですね、考えてみると、もうや
　　　がて三十年にもなろうというんですから。」

　　　　　　　　　　　　　　　　　　　(pp.203-204)


以上のような森田良行・松木正恵(1989)の記述を寺村秀夫(1984)
と比較すると、森田良行・松木正恵(1989)の③は、寺村秀夫
(1984)における、ある情報から事実の当為性を了解するという意
味(つまり、納得の意味)に当たると考えられる。ここで、森田良

164

行・松木正恵(1989)の①と②が問題であるが、この①と②は、寺村秀夫(1984)における、ある情報から事実の当為性を推論するという意味(つまり、帰結の意味)を二つに分けて捉えたに過ぎないと見られる。

[22] おかしいな。もう少し温度が上がる<u>はずなんだ</u>が。

[23] 雨が降らなければ、今日は決勝戦が行われる<u>はずでした</u>。

[24] A: あそこにいるの、下田さんじゃありませんか。
B: おかしいな。下田さんは昨日ニューヨークに発った<u>はずだ</u>よ。

[25] 君は、これだけ才能に恵まれているんだから、もっと良い成績がとれる<u>はずだ</u>。

[26] 多くの流行病は、終りに近いほど病毒が軽微になる<u>筈</u>なのに、今年の感冒は逆であった。

[22]〜[26]は、森田良行・松木正恵(1989)の②の例文と同じように、「ある事実や条件から必然的に導き出された結論が現状と食い違っている場合を表す」という「はずだ」に分類されるものである。[22]は、普通なら「もう少し温度が上がるのだ」と推量できる事象であるので、「はずだ」にしたのであるが、実現していなくておかしいと言っているものである。[23]は、「雨が降らなければ、今日は決勝戦が行われるのだ」と推量できる事象であるので、「はずだ」

にしたのであるが、現実には雨が降ったので実現していないと言っているものである。つまり、[22]と[23]は命題に対しての話し手の推量を表すものである。「はずだ」は本来そうなるのが当然な帰結であると推量するもので、その推量が実現してもしなくても「はずだ」の意味は変わらないということである。つまり、「はずだ」の付いた事実は「はずだ」が付くことによって、当然な帰結として推量されたものになるのである。[24]～[26]も同じことが言えるであろう。表面的に[22]～[26]はすでに出てきた状況から用いられたという点から、推量するだけでまだ確認されていない[16][17]と異なっているように思われる可能性があるが、これらも「はずだ」の表すべき意味役割は果たしているものと判断される。つまり、[16]～[19]も[22]～[26]も、当然な帰結としての推量であるということから同じ意味を表す「はずだ」であり、これらを違うものとして分類する必要は必ずしもないと思われる。

　以上で確認したように、「はずだ」の意味は、帰結と納得というように大別して捉えて良いように考えられる。このような「はずだ」の帰結と納得という意味は、「わけだ」とも共通している。つまり、帰結と納得の意味において、「わけだ」と「はずだ」は類似関係にあるのである。しかし、1.問題設定で見たように、帰結と納得の意味において言い換えの自然な場合([1]～[6])がある一方、同じ帰結と納得の意味を表すとしても言い換えの不自然な場合([7]～[11])もある。このような「わけだ」と「はずだ」の言い換え関係を捉えるためには、より具体的な分析が必要であろうと考えられる。

166

## 3. 先行研究とその検討

「わけだ」と「はずだ」の意味関係に関する、代表的な研究として
寺村秀夫(1984)を挙げることができる。そして、その寺村秀夫
(1984)を継承しつつ、「わけだ」と「はずだ」の置き換えの可否など
を分析した松木正恵(1993)と横田淳子(2002)がある。以下では、
これらの先行研究を取り上げ、「わけだ」と「はずだ」の意味関係に
ついて再吟味することにする。

　寺村秀夫(1984)は、「わけだ」と「はずだ」について、次のように
述べている。

> 確定した事実Pから推論して、その当然の帰結としてQであ
> る、ということを言おうとする点で、ワケダは、先のハズダと相
> 似している。両者の相異するのは次の点である。すなわち、
> 前にも記したように、Qが未知で、その事実性が問われてい
> ることが引き金となっているのに対し、「Qワケダ」では、Qは
> 事実としては既定、既知のことであるが、その事実がどうして
> そうなのか、という問いに対して答えようとする心理が引き金に
> なっている、という点である。QハズダにおけるQは知識であ
> るが、QワケダにおけるQは、理解である、というふうにもいえ
> るだろう。(p.277)

寺村秀夫(1984)は「わけだ」と「はずだ」の相違について一般的な

意味レベルで述べている。このような指摘は、その後「わけだ」と
「はずだ」の意味関係を分析するに当たって、基本的な方向性を
提示することになったという点で大きな意義があると考えられる。し
かし、寺村秀夫(1984)は「わけだ」と「はずだ」の相違について一般
的な意味レベルでの指摘に止まり、どのような意味を表す場合に
言い換えが可能であり、そして不可能であるかというような具体的
な意味分析までは行っていないのである。

　松木正恵(1993)は、寺村秀夫(1984)による既知か未知かという
要因を取り入れつつ、「わけだ」の意味を因果関係と納得、捉え直
しというように3つに分けて、各々の意味における「わけだ」と「はず
だ」の言い換え可否について検討した。

　一つ目は、因果関係を表す「わけだ」である。松木正恵(1993)
は、このような「わけだ」は典型的な"説明"に当たるような表現であ
ると述べながら、「わけだ」と「はずだ」の言い換えについて次のよう
に述べている。


[27] 多くの国民が航空機利用を強く望むからこそ、政府はど
　　　こかに 空港を、無理してでも作らざるを得ない破目に立
　　　つわけだ。(武)
[28] 「あの人が落ち目になったら、今までずいぶん世話した
　　　人まで、どんどん離れて行ったんですよ。借金だらけの
　　　人を誰が助けるもんですか」
　　　「それで、あなたも、離婚されたわけですか?」


168

[……中略……]

例えば[27]では、前提となる「多くの国民が航空機利用を強く望む」という事実も、結論である「政府はどこかに空港を、無理してでも作らざるを得ない破目に立つ」という事実も、既知のこととして話し手も聞き手も既に了解している。ここで主張したいのは、それぞれの事実そのものではなく、"PだからQだ"という因果関係である。[28]は疑問文だが、その仕組みは同様である。「離婚された」(Q)ことは既にわかっているが、今あなたが言った事柄(P)が理由で「離婚された」(Q)のか、とその因果関係を確認しているわけである。このような説明の「わけだ」は「はずだ」と置き換えることができない。(p.31)

松木正恵(1993)の指摘の通り、確かに[27]と[28]のような因果関係を表す「わけだ」は「はずだ」に置き換えると不自然であると思われる。しかし、次のような横田淳子(2002)の分析内容を見ると、因果関係を表す「わけだ」にも「はずだ」に置き換えが可能な場合があるようである。

次の[29]から[30]のように、論理的に考えていけば事柄の結果が必然的に出てくる未知の結果Zを述べる場合には、ワケダ、ハズダ、コトニナルのどれでも使えるが、意味が微妙に異なる。ワケダは話し手が論理的に考えた帰結であることを主張し、ハズダは確信度の高い論理的推量であることを含意し

ている。

[……中略……]

[29]　この料金でサービスを提供できるのは売手Aだけですが、買手の方はCもDもサービスを利用したいと考えます。したがって需要が供給を上まる<u>わけです</u>。(藤村) ○はずです

[30]　時差が四時間あるから、日本時間のちょうど正午につく<u>わけだ</u>。(森松) ○はずだ (pp.16-17)

以上の[29][30]の「わけだ」は、松木正恵(1993)の因果関係を表すものに当たるものであるが、このような「わけだ」は「はずだ」に言い換えても自然である。つまり、同じような因果関係を表すような場合であっても、「わけだ」と「はずだ」が言い換えが可能な場合もあれば、不可能な場合もあるが、このような現象はどのように理解すれば良いであろうか。

　二つ目は、納得を表す「わけだ」である。松木正恵(1993)は、[31][31]'のような例文からこのような「わけだ」は「はずだ」に言い換えてもほとんど意味の変化がないと述べている。

[31]　「こっちの子供たちが泳ぎが上手な<u>わけだ</u>わ。お腹にいるときから泳いでるんですもの」

[31]'　「こっちの子供たちが泳ぎが上手な<u>はずだ</u>わ。お腹にいるときから泳いでるんですもの」

170

しかし、松木正恵(1993)の指摘とは違って、納得を表すと見られる次のような例文においては、「はずだ」に言い換えると不自然であると考えられる。

[32] 山本さん、結婚したらしいですよ。—ああ、そうだったんですか。それで最近いつもきげんがいいわけだな。

[33] 隣の鈴木さん、退職したらしいよ。—そうか。だから平日の昼間でも家にいるわけだ。

つまり、同じような納得を表すような場合であっても、「わけだ」と「はずだ」が言い換えが可能な場合もあれば、不可能な場合もあるが、このような違いはどのように説明すれば良いであろうか。

　三つ目は、捉え直しを表す「わけだ」である。松木正恵(1993)は、この用法は推論の確実性が低いため、"説明"より"概言"に非常に近い用法であると指摘しつつ、「はずだ」に言い換えられると述べている。しかし、松本正恵(1993)の指摘とは違って、横田淳子(2002)は[34]のような例文を挙げ「「捉え直し用法」は事実の別の視点から言い直したり、まとめたりしているもので、推論ではない。したがって、ハズダは使えない」(p.21)と述べている。

[34] 十九の春、戯曲を書きはじめた。葬式をしたかったのだ。私にとって芝居は葬式なのだ…私は九本の居を書

いた。死ねなかった自分を芝居の中で九度殺し、九度
弔ったわけだ。(松岡2)

つまり、同じような捉え直しを表すような場合であっても、「わけだ」
と「はずだ」が言い換えが可能な場合もあれば、不可能な場合もあ
るが、このような場合は何が異なるのであろうか。

　以上、松木正恵(1993)は、「わけだ」の意味を因果関係、納
得、捉え直しというように具体化しつつ、「はずだ」との言い換えの
可否について分析を行った。しかし、松木正恵(1993)では具体
的な意味に基づいて、両形式の言い換えの可否を分析したが、
以上で確認したように、同じような意味を表すような場合であって
も、言い換えが可能の場合もあり、不可能な場合もあり、因果関
係、納得、捉え直しというような意味を基準にしては、両形式の言
い換え関係を的確に捉えることはできないと考えられる。

　横田淳子(2002)は、「わけだ」の意味をさらに分け5分類して、
先行研究の各々の場合における「わけだ」と「はずだ」の言い換え
の可否について検討した。その内容を簡単にまとめると次の表の
ようになる。

| | A | ワケダ | ハズダ |
|---|---|---|---|
| 疑問形 | | ○ | × |
| ① 結果を表わす帰結用法 | 未知 | ○ | ○ |
| | 既知 | ○ | × |
| | 未確認過去 | ○ | ○ |
| ② 原因・理由を表わす帰結用法 | 既知 | ○ | × |
| | 未確認 | ○ | ×(○) |
| ③ 納得用法 | | ○ | ×(○) |
| ④ 捉え直し用法 | | ○ | ×(○) |
| ⑤ 派生用法 | | ○ | ×(○) |

　表に示されている、○と、×、×(○)という3つの標識については次のように述べている。

　　ワケダの用法と意味がほとんど変わらず、ハズダやコトニナルと言い換えが可能な場合には○をつけ、不可能な場合には×をつけた。ワケダの用法と意味は異なるが、ワケダのかわりにハズダやコトニナルを使うことができるものには×の後に(○)を加えた。(p.23)

横田淳子(2002)は、「未知」「既知」「未確認」「未確認過去」といった分析要素を取り入れつつ、同じような意味を表すような場合であっても、言い換えが可能であったり、不可能であったりするという点を指摘したという点において、松木正恵(1993)の論をより進めたものであると考えられる。しかし、両形式の言い換えが可能であっ

ても、用法と意味が異なる場合について、その違いはどういうことであるかについては、詳細に触れていない。

　以上、「わけだ」と「はずだ」の意味関係に関する代表的な研究である寺村秀夫(1984)と松木正恵(1993)、横田淳子(2002)を検討した。これらの研究においては、「わけだ」と「はずだ」の相違点について、一般的な意味レベルから具体的な意味レベルへと分析を進めてはいるが、両形式の相違点を体系的に捉えるところまでは至っていないと考えられる。そこで、以下において、「わけだ」と「はずだ」における本質的な相違点を明らかにし、その内容に基づいて各々の具体的な意味における言い換えを捉えていきたいと思う。

　ここで、その具体的な意味について次のように少々付け加えておくことがある。冒頭で両形式の言い換え関係において問題になるような具体的な意味は帰結と納得であると述べた。この内容を以上の先行研究と比較すると、帰結は松木正恵(1993)の因果関係と横田淳子(2002)の結果、原因・理由を表す帰結用法に当たり、納得は松木正恵(1993)の納得と横田淳子(2002)の納得用法に当たると思われる。しかし、松木正恵(1993)と横田淳子(2002)では捉え直しの場合においても言い換え関係について取り上げている。そして、横田淳子(2002)では派生用法(本書での先行文が明示的ではない場合)も取り上げている。本章では、以上のような先行研究の分析を受け継いで、具体的な意味として、帰結と納得に加えて捉え直し、そして先行文が明示的ではない場合に対しても

考えていきたいと思う。


# 4.「わけだ」と「はずだ」の違い

## 4.1. 説明の「わけだ」と概言の「はずだ」

　寺村秀夫(1984)は、モダリティ的な意味である判断のムードを「概言のムード」と「説明のムード」に分類し、「ダロウ・ヨウダ・ラシイ・ソウダ」などが「概言のムード」を「ハズダ・ワケダ・モノダ・ノダ」などが「説明のムード」を表すと述べている。つまり、「はずだ」が「概言のムード」ではなく、「わけだ」と同じように「説明のムード」に属すると捉えながら、その理由について、次のように述べている。

　　　ハズダが前節の概言的判断と異なるところは、自分の推量というのではなくて、これこれの事実(P)があれば当然こう(Q)なる、そういう状況にあることを相手に伝える表現だという点である。(P.266)

寺村秀夫(1984)は、「はずだ」が推量ではなく、当然な状況を相手に伝える表現であるから「説明のムード」に入ると述べているのである。しかし、このような分析は「はずだ」が根拠のある推量を表す形式であるため「ようだ・らしい」などと共に「概言のムード」に入るという他の研究者の捉え方とは異なる見解である。

たとえば、横田淳子(2002)は、「わけだ」と「はずだ」について次のように述べている。

　寺村はこのように述べながら、ハズダをワケダと一緒に「説明のムード」に入れている。しかし、ハズダは「未知のQを推理する」という点がワケダやコトニナルと大きく異なるのであるから、ダロウ、ニチガイナイなどと同様に「概言のムード」に入れた方がふさわしいように思われる。ちなみに、森山はハズダをト思ウ、ニチガイナイ、ダロウとともに「不確実だが高い確信があること」を表現する形式として挙げている。(p.14)

横田淳子(2002)は、「はずだ」は未知の事柄を推理する形式であるから「説明のムード」ではなく「概言のムード」を表すと捉えている。つまり、「はずだ」と「わけだ」はムードの側面からして異なる形式であるということである。

　寺村秀夫(1984)は、「概言」を、ある事態の真偽について、確言はできないが、情報から概ねこうであろうと述べる表現形式であると述べているが、これはまさに「はずだ」の表す意味ではないであろうか。つまり、「はずだ」は横田淳子(2002)が述べているように「概言」を表す助動詞に属すると言うのが妥当に思われる。

　「わけだ」と「はずだ」が言い換えられ、意味的な類似性を持っているからといって、両形式が「説明」という同じムードに属するものでなければならない理由はないであろう。寺村秀夫(1984)は、「わ

けだ」と「はずだ」が言い換えられるという現象を説明するために、両形式を同じムードに属するものとして扱おうとしたのではないかと思われる。しかし、ある一つの状況に異なるムード形式が用いられ類似した意味を表すのは不自然なことではないであろう。つまり、「わけだ」と「はずだ」は異なるムード形式でありながら、類似した意味を表すということである。また、「わけだ」と「はずだ」にムード的な違いがあるからこそ両形式の意味的な違いがあるのだと考えられる。

### 4.2. 「既知」の「わけだ」と「未知」の「はずだ」

「わけだ」と「はずだ」はある根拠に基づいて論理的に考えると当然な結果にたどりつくということを表す点で類似している。この類似性から「わけだ」と「はずだ」が言い換えられるのである。しかし、「わけだ」と「はずだ」が表すモダリティ的な意味には違いがあるだけに、言い換えられる場合の両形式の意味についてはより詳しい考察が必要であろう。

寺村秀夫(1984)は、「わけだ」と「はずだ」の相違点について次のように述べている。

両者が相異するのは、次の点である。すなわち、「Qハズダ」は、前にも記したように、Qが未知で、その事実性が問われていることが引き金となっているのに対し、「Qワケダ」では、Qは事実としては既定、既知のことであるが、その事実がどうし

てそうなのか、という問いに対して答えようとする心理が引き金になっている、という点である。QハズダにおけるQは知識であるが、QワケダにおけるQは、理解である、というふうにもいえるだろう。(p.277)

寺村秀夫(1984)は、「Qわけだ」のQが既知であり、「Qはずだ」のQが未知である点で両形式が異なっていると述べている。

　「わけだ」はある根拠からすでに起った事実を捉えるものであるのに対して、「はずだ」はある根拠からまだ起っていない事実を捉えるものであるので、「わけだ」が既知で「はずだ」は未知であるというのは一般的な捉え方であろう。

　しかし、市川保子(1997)は次のように「はずだ」が既定も表すと述べている。

　「わけだ」は、当然の帰結を表わすという点で「はずだ」に似ているが、「はずだ」が既定(すでにあること、あったこと)・未定(未来に起ること)両方の事柄について使えるのに対し、「わけだ」は既定のことにしか使えない。(p.72)

市川保子(1997)は「はずだ」が未定だけではなく、既定の事柄にも使われると述べている。既に起ったことを推量するというのは一見それ自体が論理的な矛盾のように見えるかもしれないが、確かに「彼は会場に来ているはずだ。」「彼は死んだはずだ。」のように

「はずだ」は既に起ったことを言う場合にも用いられる。しかし、これらはすでに実現しているに違いないという話し手の強い推量であり、既定の事実であるという断定ではないのである。断定を避けて推量の表現にしても意思伝達に支障はないのである。帰った人に「帰ったようだ」とか知っていることについて「そのようだ/そうらしい」を使う場合があるが、「はずだ」も「ようだ・らしい」のような推量形式が丁寧な表現に用いられるのと同じように、断定的な表現ではない推量表現として用いられ、婉曲な表現にする敬語表現ができるということである。従って、推量を表す「はずだ」は既定の事柄ではなく未定の事柄に用いられるものであると考えられる。

　また、横田淳子(2002)は、「わけだ」と「はずだ」の言い換え関係をまとめているが、それによると、「わけだ」につく節は未知、既知、未確認の場合であり、「はずだ」につく節は既知の場合はなく、未知か未確認の場合であると述べている。


　　[35]　時差が四時間あるから、日本時間のちょうど正午につく
　　　　　わけだ。(=[30])
　　[36]　なにしろコレラの潜伏期間は短いのである。その二つが
　　　　　いつ、どこで洋かんを食べるか分からないが、今日中
　　　　　だとすれば、明日か明後日までには、コレラ特有の下
　　　　　痢が始まるわけだ。


横田淳子(2002)は、[35]と[36]がまだ実現していない状況を表す

ものであるので、「わけだ」が確認されていない未知の事柄にも用いられると述べている。しかし、[35]の「正午につく」というのは、一般的な事実に照らして当然な帰結で、これがまだ着いていない未知の事柄を表すというより、「正午につく」を既定の当然な事実として表すものであろう。[36]の「始まる」というのも「始まったか、始まっていないか」を表すというより、一般的な事実から「始まる」のが当然な現象であるということを表すものであろう。つまり、「わけだ」はある事柄が確認されようが、されまいが、それを一般的な事実として位置づけ、当然な帰結(即ち、既知のもの)として捉えるものであると考えられる。


## 5. 「わけだ」と「はずだ」の言い換え

「わけだ」と「はずだ」が言い換えられ、意味の違いが生じれば、両形式の交替は単純な交替ではなく、近似した意味を表す言い換えであると言えよう。つまり、両形式の言い換えには意味的な検討が必要なのである。

そして、2節と3節で確認したように、「はずだ」と「わけだ」は帰結と納得、そして捉え直しという意味を共通して有しているので、両形式の言い換えを分析するに当たって、4節の分析結果に基づき、帰結と納得、捉え直しといった意味を軸にして進めていきたいと思う。

### 5.1. 帰結の「わけだ」と「はずだ」

### 5.1.1. 原因・理由の「わけだ」と「はずだ」

原因・理由を表す「わけだ」は「はずだ」に替えられる場合と替えられない場合がある。

横田淳子(2002)は、原因・理由を表す帰結用法のところで、次のように述べている。

> 事実が既に確認されている場合、推量は成り立たないからXにハズダは使えない。したがって「原因・理由を表す帰結用法」ではワケダをハズダに言い換えることができない。ただし、ハズダを使って原因・理由としてではなく関連事項として、未確認・不確実な過去の事実を推量することはできる。(p.18)

原因・理由を表す「わけだ」は確認されている事実であるので、推量を表す「はずだ」に言い換えることができないが、原因・理由としてではなく関連事項として推量することはできるから「はずだ」が使えるというのが横田淳子(2002)の捉え方である。しかし、原因・理由を表す「わけだ」のQが確認されている事実なので推量できないと言いながら、未確認・不確実な事実にもなるので推量できるというのは矛盾している。

[37] a. 学校の中が静かですが。あ、冬休みに入った<u>わけ</u>

　　　　　ですね。

　　　　b.*学校の中が静かですが。あ、冬休みに入った<u>はず</u>

　　　　　ですね。

[38]　a.　彼女は猫を3匹と犬を1匹飼っている。一人暮らしで

　　　　　寂しい<u>わけだ</u>。

　　　　b.*彼女は猫を3匹と犬を1匹飼っている。一人暮らしで

　　　　　寂しい<u>はずだ</u>。

[39]　a.　熱もあるし、のども痛い。かぜをひいた<u>わけだ</u>。

　　　　b.　熱もあるし、のども痛い。かぜをひいた<u>はずだ</u>。

[40]　a.　今年の米のできが良くなかった。冷夏だった<u>わけだ</u>。

　　　　b.　今年の米のできが良くなかった。冷夏だった<u>はず</u>

　　　　　<u>だ</u>。　(=[5])


[37][38]は横田淳子(2002)が言い換えができると捉えているもの
であるが、[37]のQは学校の中に入って学校が静かなのを見なが
ら「夏休みに入った」ことを認めた状況なので、a.のように断定表現
はできるが、b.のように推量表現はできないのである。[38]のQは
彼女が猫を3匹と犬を1匹飼っている状況を見て、「一人暮らしで
寂しい」ということを、a.のように当然な帰結であると断定することは
できるが、b.のように当然な帰結であると推量することはできないの
である。しかし、[39][40]は「わけだ」が「はずだ」に交替している。
a.は事実を確認し断定する表現であり、b.は事実を当然なものとし
て推量する表現である。[39][40]の「わけだ」と「はずだ」はともに原

因・理由についての表現であるが、両形式の表す意味が同じであるとは考えられない。論理的な推論関係を考えると、両形式には、Pから、当然な帰結としての納得(理解)か、確信度の高い推量、当然な帰結としての推量かという大きな違いがあるのである。従って、両形式は言い換えられるというより、両形式が持っている意味を個別的に実現しているものであると考えられる。

### 5.1.2. 結果の「わけだ」と「はずだ」

結果を表す「わけだ」も「はずだ」に替えられる場合と替えられない場合がある。

[41] a. 私は昔から機械類をさわるのが苦手です。だから未だにワープロも使えないわけです。

　　 b.*私は昔から機械類をさわるのが苦手です。だから未だにワープロも使え　ないはずです。 (=[11])

[42] a. 電車とバスで通勤すると1時間45分かかりますが、車だと1時間です。それで、免許をとることに決めたわけなんです。

　　 b.*電車とバスで通勤すると1時間45分かかりますが、車だと1時間です。それで、免許をとることに決めたはずなんです。

[43] a. 時差が4時間あるから、現地の8時は日本ではちょうど正午になるわけだ。

  b. 時差が4時間あるから、現地の8時は日本ではちょう
   ど正午になる<u>はずだ</u>。

[44] a. いつも約束時間を守る友達が遅刻してくると、みん
   な何かあったんじゃないかと心配する<u>わけです</u>。

  b. いつも約束時間を守る友達が遅刻してくると、みん
   な何かあったんじゃないかと心配する<u>はずです</u>。


結果を表す「わけだ」も、理由を表す場合と同じように、決められて
いる事実や既に起った事柄を表し、[41][42]のように、「はずだ」
には言い換えられないのが一般的である(特に[41]は自分のことを
表しているため、はずだに言い換えられない)。しかし、[43][44]
のように「わけだ」が「はずだ」に交替できるのは、結果を断定する
文と結果を予想する文が個別的に成立しうるからであろう。つま
り、両形式は独自の意味を実現するだけのものであると考えれる。


## 5.2. 納得の「わけだ」と「はずだ」

 「わけだ」が「はずだ」に言い換えられる典型的な例は、「わけだ」
が「納得」を表す場合で、納得を表す両形式は意味の差がほとん
どないとも言われている。

 森田良行・松木正恵(1989)は、「わけだ」を「はずだ」と関連して
次のように述べている。

ある事実について、どうしてそうなのか疑問に思っていたとこ
ろ、その答えとなるような他の事実を知って納得した、という
状況を表す。事の真相を知って、現状が当然の帰結であっ
たと悟る場合である。

[……中略……]

この用法の場合、「はずだ」と言い換えることができる。(p.198)

森田良行・松木正恵(1989)は、寺村秀夫(1984)と同じように、納
得を表す「わけだ」は「はずだ」と言い換えられると述べている。

しかし、納得を表す「わけだ」のすべてが「はずだ」に言い換えら
れるとは限らない。まず、両形式の類似性から捉えることにする。

[45]  a. 苦しいわけです。熱が40度もあるのですから。

　　　b. 苦しいはずです。熱が40度もあるのですから。

[46]  a. 道理で寒かったわけだ。今朝は零下5度まで下がっ
　　　　たそうだ。

　　　b. 道理で寒かったはずだ。今朝は零下5度まで下がっ
　　　　たそうだ。

[47]  a. A: 彼女は3年もアフリカにフィールドワークに行って
　　　　　いたそうですよ。

　　　　B: そうですか。道理で日本の状況がよくわかってい
　　　　　ないわけですね。

　　　b. A: 彼女は3年もアフリカにフィールドワークに行って

　　　　　　いたそうですよ。

　　　B: そうですか。道理で日本の状況がよくわかってい

　　　　　　ないはずですね。


[45]～[47]のa.は、QをPから当然な結果として納得したことを表す
「わけだ」である。[45]～[47]のb.は、QをPから当然な結果として
推量したことを表す「はずだ」である。しかし、「わけだ」と「はずだ」
はある事実から当然なこととして導き出される結果を表すという共通
した意味を表し、言い換えてもPとQの因果関係は変らず、結果的
に同じ意味になると思われる。これらは、PからQへの関連づけに
意味的な差がなく、推論過程からの断定がそのまま推量にもなり
得ると考えられる。断定も推量も主観的な判断であるが、[45]～
[47]のように断定の「わけだ」と推量の「はずだ」のどちらを選択して
も、両形式は意味的な近似性を保ち、言い換えられる関係にある
と考えられる。

　しかし、「わけだ」と「はずだ」は当然なこととして受け入れたことを
表す点で類似しているが、その表現方法(態度)には相違点がある
と思われる。「わけだ」は、結果Qと根拠になる事実Pとの因果関係
を認めて断定する表現であるが、「はずだ」は、結果Qと根拠にな
る事実Pとの因果関係を推量してその当為性を主張することを表現
するものである。つまり、「わけだ」は、展開される状況についてある
根拠からの当然な判断であると改めてその因果関係を断定する
ものであるが、「はずだ」は、展開される状況についてある根拠か

らの当然な判断であるとその因果関係を推量して主張するもので
あるというモダリティ的な違いがあるのであろう。

　横田淳子(2002)は、納得を表す「わけだ」と「はずだ」の言い換
えについて、次のように述べている。


[48] 山本さん、結婚したらしいですよ。—ああ、そうだった
　　　んですか。それで最近いつもきげんがいいわけだな。
　　　×はずだ(辞書)

[49] 隣の鈴木さん、退職したらしいよ。—そうか。だから平
　　　日の昼間でも家にいるわけだ。×はずだ(辞書)

[50] そんなに飲んだんですか。それでさっさと寝てしまった
　　　わけですね。×はずですね

　　　　　　　　　　　[……中略……]

[51] 彼女は3年もアフリカにフィールドワークに行っていたそ
　　　うですよ。—そうですか。道理で日本の状況がよくわ
　　　かっていないわけですね。○はずですね(辞書)

[52] あ、鍵が違うじゃないか。なんだ。これじゃ、いくらがん
　　　ばっても開かないわけだ。○はずだ(辞書)

[53] 田中さん、一ヶ月で4キロやせようと思ってるんだって。
　　　なるほど、毎日昼ご飯を抜いているわけだわ。
　　　○はずだわ(辞書)

同じ「納得用法」にすると思われる用例なのに、ある用例はワ
ケダをハズダ　と言い換えられ、他の用例は言い換えられない

のはなぜであろうか。用例[48]から[50]には「それで」や「だか
ら」がある。「それで」や「だから」がある場合は、ワケダをハズ
ダには言い換えにくいのではないだろうか。「それで」や「だか
ら」がある場合、「それで」や「だから」が結果を導き出す言葉
であるだけに、「納得用法」の流れY→X→Yの中の特にX→
Yの部分が強調され、その結果、ワケダの用法としては「結果
を表す帰結用法」と同じ機能を担うことになるのではないだろう
か。そして、「結果を表す帰結用法」においては、推量の可
能性のない既定の事実についてはハズダが使えないから、
[48]から[50]のように話し手が事実として既に確認している事
柄についてはハズダが使えないのではないだろうか。
(pp.20-21)

横田淳子(2002)は、グループ・ジャマシイ(1998)において、「納得」
に分類されている「わけだ」の例を、[48]～[53]のように、「はずだ」
に言い換えられない場合と言い換えられる場合に分けている。つ
まり、[48]～[50]は、「それで」や「だから」が結果を導き出す言葉
であるだけに、既定の事実を表し、推量の可能性がないから「は
ずだ」に言い換えることができないと述べている。

   [54]　最近円高が進んで、輸入品の値段が下がっている。
        だから洋書も安くなっている<u>わけだ</u>。○はずだ。(辞書)
筆者は横田淳子(2000)で、用例(54)を、「洋書が安くなって

188

いる」ことは話し手が既に知っている事柄であると解釈し、Y→
X→Yの「納得用法」に分類したが、これも「だから」が入って
いるから、「結果を表す帰結用法」とするほうが妥当なのであ
ろう。この場合にハズダが使えるのは「洋書も安くなっている」
という事実を話し手がまだ認識していず、「最近円高が進ん
で、輸入品の値段が下がっている」ことの結果として「洋書も
安くなっている」ことを推量する場合である。「結果を表す帰結
用法」で検討したように、「結果を表す帰結用法」の場合は、
未知の事柄についてはワケダもハズダも使うことができるので
ある。(p.21)

[54]は、「最近円高が進んで、輸入品の値段が下がっている」とい
う前提から当然なこととして導き出される「洋書も安くなっている」と
いう結果を表す「わけだ」であるが、同時に「洋書が安くなっている」
ことを、「最近円高が進んで、輸入品の値段が下がっている」という
事実から納得したことを表す「わけだ」でもあるのである。これは「だ
から」の有り無しとは関係ないと思われる。[54]は、結果と納得の
二つの意味として捉えられるが、結果の「わけだ」の場合「はずだ」
に言い換えられるのである。

　しかし、[54]は[49]と同じように「だから」が入っている上、納得
を表す「わけだ」であるのに、[49]と違って「はずだ」も用いられる。
同じように納得を表す[49]と[54]にこのような違いがあるのはなぜ
であろうか。[49]は、二人の対話文で、「隣の鈴木さん、退職した

らしいよ」という相手の話しを聞いて、話し手が「平日の昼間でも家にいる」理由が納得できたということを表すものである。対話の中で相手の発言から結果の当然なことを頷いたり納得したりする表現には「わけだ」は用いられるが、「はずだ」は用いられない。つまり、すでに知っている事実を相手の発言から納得する場合、知っている事実を推量するのは不可能であるから、[49]の「わけだ」は「はずだ」に替えられないのである。[54]のように、情報から導き出される結果について納得や推量の表現ができる場合は「わけだ」と「はずだ」が用いられるのである。

　「わけだ」と「はずだ」がどういう意味を持つかは、根拠になるものから導き出される話し手の一連の発話という全体の流れから捉えなければならないであろう。「だから」があっても、その前の発言に話し手が納得して断定するような表現があるとしたら、それを推量の形で表現することはできないであろう。[48][49]は「それで」「だから」の前に、根拠になる相手の表現を認めた「ああ、そうだったんですか」「そうか」のような表現があるので、Qは推量の形では表現できないのである。[50]も「それで」の前の「そんなに飲んだんですか」という表現が、相手の表現から話し手が頷いて事実として受け入れた表現であるから、Qは推量の形では表現できないのである。つまり、[48]～[50]は「それで」「だから」があるからではなく、情報から推量する余地のない表現であるから「はずだ」に替えられないのである。[48][49]を、次のように[55][56]のように替えたら、「それで」「だから」があっても、「わけだ」は「はずだ」に言い換えられる

190

と思われる。


[55] 山本さん、結婚したのだ。それで最近きげんがいい<u>わ</u><u>けだ</u>。(○<u>はずだ</u>)

[56] 隣の鈴木さん、退職した。だから平日の昼間でも家にいる<u>わけだ</u>。(○<u>はずだ</u>)


「それで」「だから」は結果を導き出すことも、納得を導き出すこともできる意味を持っているため、[55][56]は「わけだ」も「はずだ」も成立するのである。「わけだ」と「はずだ」の言い換えを「それで」「だから」などで判断することや両形式の意味の違いに触れない横田淳子(2002)の捉え方は正しくないと思われる。


## 5.3. 捉え直しの「わけだ」と「はずだ」

捉え直しを表す「わけだ」も「はずだ」に交替できる場合とできない場合がある。


[57] a. 父は20年前に運転免許を取っていたが車は持っていなかった。つまり長い間ペーパードライバーだったわけだ。

b.*父は20年前に運転免許を取っていたが車は持っていなかった。つまり長い間ペーパードライバーだったたはずだ。

[58] a. 彼女はフランスの有名なレストランで5年間料理の修
行をしたそうだ。つまりプロの料理人であるわけだ。

b. 彼女はフランスの有名なレストランで5年間料理の修
行をしたそうだ。つまりプロの料理人であるはずだ。

[57][58]は言い換え・捉え直しを表す「わけだ」である。これらの
「わけだ」は「はずだ」に替えられる場合と替えられない場合があ
る。これらはPとQが同じ事柄であり、[57]のように、自分の父のこ
とで、PからQへの関連づけに推量の余地のない場合、「わけだ」
は「はずだ」に替えられないが、[58]のように、他人のことで、Pか
らQへの関連づけに推量の余地のある場合、「わけだ」は「はずだ」
に替えられると考えられる。つまり、話し手が断定しかできない場
合と断定も推量もできる場合があるということである。しかし、両形
式が交替できても、これは結果や原因・理由を表す場合と同じよう
に、両形式の意味が同じであるとは考えられない。

### 5.4. 「わけだ」に交替できない「はずだ」

「わけだ」に交替できる「はずだ」は決まっている事実やすでに起
こった状況などから、PとQの関係を当然なものとして推量できる場
合である。

[59] a. あの飛行機に乗ったのなら、事故に遭ったはずだ。
b.*あの飛行機に乗ったのなら、事故に遭ったわけだ。

192

[60] a. 今日の授業で当たるのは、順番からいって山下君の
　　　　 <u>はずだった</u>のに。
　　 b.*今日の授業で当たるのは、順番からいって山下君の
　　　　 <u>わけだった</u>のに。

[59][60]は、実際に起こっていないことを仮定として推量したもの
である。「わけだ」に替えられる「はずだ」は当然な帰結としての推
量を表すが、実現しなかったことについての仮定的推量は既定の
事実として断定できないので「わけだ」は用いられないのである。

## 6. 結び

　「わけだ」と「はずだ」は意味的な類似性から言い換えの関係にあ
ると言われるが、両形式の交替可能性と交替した場合の意味を分
析し、両形式の言い換えについて考察した。
　両形式の交替が意味の近似性を保てば、両形式は言い換えら
れる関係にあると言えよう。当然な帰結だと断定するのと、推量す
るのとでは、推論過程上の当為性はあるものの、モダリティ的な意
味は異なっており、「わけだ」を「はずだ」に交替できるからと言って
必ずしも意味の近似性が保たれるとは限らない。
　「わけだ」はその意味に関係なく「はずだ」に交替できるが、その
条件はPとQの関係が推量可能な場合である。QがPから推量でき

るものであれば、「わけだ」は「はずだ」に交替できる。つまり、両
形式の交替は「わけだ」の意味によるというより、「わけだ」の命題、
即ち、Qの推量可能性によると考えられる。しかし、起った結果を
断定する場合と起っていない結果を推量する場合には、意味の類
似性より、形式固有の意味の実現であると考えるのが自然であろ
う。

　「わけだ」と「はずだ」は、PからQへの関連づけに意味的な差が
ない場合があるが、これは、納得のように推論過程からの断定が
そのまま推量にもなり得る場合である。断定も推量も主観的な判断
であるが、断定の「わけだ」と推量の「はずだ」のどちらを選択しても
結果が同じである場合に、両形式は意味的な近似性を保ち、真
に言い換えられる関係にあると言えよう。つまり、当然な結果を推
量の形で表現できる場合に、「わけだ」と「はずだ」は言い換えられ
るのである。

# 第6章

# 「わけだ」と「ことになる」

## 1. 問題設定

　ある根拠になる事実から当然なこととして導き出されることを表す形式には「わけだ」、「はずだ」というモダリティ形式があるが、この意味と類似した意味を表すもう一つの文法形式として「ことになる」がある。本章では、論理的な帰結を表す点で共通する意味を持つ「わけだ」と「ことになる」について検討して、両形式の意味関係を明らかにしたいと思う。

[1]　a. 本体が1万円で、付属品が3000円か。全部で1万3000円もかかるわけだ。

　　　b. 本体が1万円で、付属品が3000円か。全部で1万3000円もかかることになる。

[2]　a. 夜型の人間が増えて来たために、コンビニエンススト

アがこれほど広がった<u>わけです</u>。

b. 夜型の人間が増えて来たために、コンビニエンススト
アがこれほど広がった<u>ことになる</u>。

[3]  a. その女性とデートをしたが、無口すぎてつまらなかっ
た。彼女が男性にもてない<u>わけだ</u>。

b.*その女性とデートをしたが、無口すぎてつまらなかっ
た。彼女が男性にもてない<u>ことになる</u>。

[4]  a. A: 森さんは8年もフィランドに留学していたそうです
よ。

B: へえ、そうなんですか。それならフィランド語は
<u>得意なわけです</u>ね。

b.*A: 森さんは8年もフィランドに留学していたそうです
よ。

B: へえ、そうなんですか。それならフィランド語は
得意な<u>ことになります</u>ね。


[1]～[4]のa.は当然な結果を表す帰結に導かれる「わけだ」であ
る。先行研究では、結果を表す「わけだ」は「ことになる」と言い換
えられると捉えているが、結果を表す「わけだ」にも[3][4]のように
「ことになる」と言い換えられない場合がある。ともに論理的な帰結
を表すとされる「わけだ」と「ことになる」もそれぞれ違う意味を表す
場合があるということである。そして、「わけだ」と共に当然な帰結を
表す「ことになる」は、結果を表す帰結の「わけだ」以外の意味とも

196

重なる場合があると思われる。

　本章では、「ことになる」が「わけだ」のうちどのような意味におい
て言い換えが可能なのか、そして、言い換えが可能な場合にはど
のような意味の違いが生じるかなどを明らかにしたいと思う。そのた
めに、まず「ことになる」の意味を探った上で先行研究を検討し、
その内容を踏まえて、「わけだ」と「ことになる」の両形式間の意味
関係について詳しく考察することにする。


## 2.「ことになる」の意味

　寺村秀夫(1984)は、「ことになる」の意味を、「ある事態を客観的
に述べようとする表現」と、「必然の論理的帰結を表す表現」に分け
て捉えているが、それを受け継ぎ、森田良行・松木正恵(1989)は
「ことになる」について次のように述べている。


　　　自分の意志とかかわりなく何かが決まったことや自然の成り行
　　　きによってある事態が生じたことなどを表現する。「ことになる」
　　　は何らかの決定や事態の結果といった帰結に重点がある
　　　　　　　　　　　　　[……中略……]
　　　○　月賦と借金返済の二重の支払いに、多くもない孝策の
　　　　　月給の半ばが消えてしまうことになるのは、確実であっ
　　　　　た。(p.242)

[……中略……]

既成の事実や成り行き、道理などから必然的にある結論が導き出されることを表わす。「わけだ」との言い換えが可能だが、「わけだ」と違って主観的な要素が少なく、前提から必然的帰結へという推論そのものを非常に客観的に述べる表現である。丁寧体や過去形もある。

　○　今ここで働いている工員は約千人だが、この工場は一日三交替制だから、実際にはもっと大ぜいの工員がい<u>ることになる</u>。(p.205)

森田良行・松木正恵(1989)は、「ことになる」の意味を「自然成立を表すもの」と「必然的な帰結を表すもの」の二つに分けて寺村秀夫(1984)とほぼ同じ捉え方をしながら「ことになる」の意味について少々詳細に述べている。

　そして、グループ・ジャマシイ(1998)にも、「ことになる」の意味が次のように二分類して記されているが、やや違う用語で捉えられている。

1. ことになる＜決定＞

　[5]　こんど大阪支社に行くことになりました。

　[6]　ふたりでよく話し合った結果、やはり離婚するのが一番いいということになりました。[……中略……]

従来の行為について、なんらかの決定や合意がなされたり、

198

ある結果になることを表す。[……中略……]

2. ことになる＜言いかえ＞

 [7] 4年も留学するの? じゃあ、あの会社には就職しないこ
   とになるの?

 [8] りえさんはわたしの母の妹のこどもだから、わたしとりえ
   さんはいとこどうしということになる。

 [9] これまで10年前と4年前に開いているので、これで日
   本での開催は3回目と いうことになる。

言いかえたり、ほかの視点から見たり、本質を指摘したりする
ときに使う。(pp.121-122)

グループ・ジャマシイ(1998)は、「ことになる」の意味を、「決定」を
表す場合と、「言い換え」を表す場合の二つに分けて捉えている。
前者の「決定」を表す場合は、森田良行・松本正恵(1989)の「自然
成立を表すもの」に当たると考えるが、後者の「言い換え」を表す場
合は、森田良行・松本正恵(1989)の「必然的な帰結を表すもの」
に相当するかについては少々検討が必要であると考えられる。グ
ループ・ジャマシイ(1998)で「言いかえ」の例として挙げている[7]～
[9]を見ると、「4年も留学する」「りえさんはわたしの母の妹のこども
だ」「これまで10年前と4年前に開いている」という事実から推論する
と必然的に「あの会社には就職しない」「わたしとりえさんはいとこど
うしである」「日本での開催は3回目である」と結論づけられると解釈
できる。このようなグループ・ジャマシイ(1998)の「言いかえ」の例

は、森田良行・松木正恵(1989)が「必然的な帰結」として挙げている次の例と相通じると考えられる。

[10] 「もう一ヶ月もおそく上陸しようものなら、こんな素晴らしい歴史的光景なんか一生見られなかったことになる。―機会だ。平野君のおかげですよ―」

[11] 独身ならば毎夜のように遊びに行っても一向不安はないということになる。

このようにグループ・ジャマシイ(1998)の「言いかえ」を森田良行・松本正恵(1989)の「必然的な帰結を表すもの」の一種と理解して良いように考えられる。

そこで、本書では先行研究にならって「ことになる」の意味を「自然成立を表すもの」と「必然的な帰結を表すもの」というように分けることにする。


## 3. 先行研究とその検討

「わけだ」と「ことになる」の意味関係に関する研究はあまりなされていないが、その中で、一般的な意味レベルで捉えた寺村秀夫(1984)と、具体的な意味レベルで具体的に両形式の言い換えの問題を詳細に捉えた横田淳子(2002)が代表的である。

200

　寺村秀夫(1984)は「わけだ」の意味(ⅰ)を「ことになる」と言いかえ
ができると述べながら、「わけだ」、「はずだ」との比較から、「ことに
なる」について次のように述べている。


　　コトニナルが、そういう意味で客観的な確言的陳述だとする
　　と、ハズダは概言の推量と同様、やはり主観的な判断の概言
　　的陳述であるということができるだろう。(p.269)
　　　　　　　　[……中略……]
　　Ｑワケダは、前提Ｐからの論理的帰結としてＱであることをいう
　　点で、「Ｑコトニナル」と共通するところがあり、未知のＱを推
　　理するＱハズダよりも、Ｑコトニナルとの互換の可能性が高
　　い。しかし、その主観性という面で、ワケダは、ハズダとムー
　　ドの助動詞としての共通する特徴をもつ。(p.283)
　　　　　　　　[……中略……]
　　その判断の主体は話し手自身で、それを包み込んだ表現に
　　なっている点で、これは、ハズダ、ワケダなどと本質を同じく
　　すると見るべきである。ただ、先にも述べたように、これは、Ｐ
　　ならば(またはＰだから)Ｑという前提→必然的帰結そのもの
　　を、客観的に述べようとする点で、ハズダ、ワケダよりは主観
　　の色合いが少ない。[……中略……]ここでは、このような、必
　　然の論理的帰結を表わす「～コトニナル」も、やはり確言的陳
　　述の一つということにしておく。(p.295)

寺村秀夫(1984)は、「ことになる」を「わけだ」、「はずだ」と比較しながら、「わけだ」と「ことになる」は論理的帰結を表すという共通するところがあり、互換の可能性が高いが、その論理的帰結を「わけだ」は主観的に、「ことになる」は客観的に言おうとする表現であると捉えている。

しかし、寺村秀夫(1984)は「わけだ」と「はずだ」の相違について主観的であるか、それとも客観的であるかという一般的な意味レベルでの指摘に止まり、どのような意味を表す場合に言い換えが可能であり、そして不可能であるかというような具体的な意味分析までは行っていない。

横田淳子(2002)は、「はずだ」の検討と同じ方法で「わけだ」と「ことになる」の言い換えについて検討している。

> [12] 信吾は東向きに坐る。その左隣りに、保子は南向きに坐る。信吾の右が 修一で、北向きである。菊子は西向きだから、信吾と向い合っているわけだ。 (=1章の[6]、3章の[28])

寺村秀夫(1984)は、[12]のような例を挙げて、帰結を表す「わけだ」は「ことになる」に言い換えられると捉えているが、横田淳子(2002)は、帰結を表す「わけだ」は「ことになる」に言い換えができるものとできないものとに分けられると指摘している。横田淳子(2002)は、「ことになる」に言い換えができない例として、松岡弘

202

(1987)を引用し、次のように述べている。

　　[13]　A「大学の中が静かですね」
　　　　　B「冬休みに入ったのです」
　　　　　A「ああ、それで静かなわけですね」(松岡1)
　寺村の用法(ⅰ)の説明を使って[13]を分析してみると、「大学
　の中が静かだ」という事実Qに対し、なぜそうなのかを説明す
　るために、明らかな既定の事実であるP「冬休みに入った」を
　あげ、そこから推論すれば当然Qになるということを言ってい
　るとおり、説明としては納得が行く。しかし、「ああ、それで静
　かなわけですね」」を「ああ、それで静かなことになりますね」と
　は言い換えられない。(p.52)

寺村秀夫(1984)が挙げている[12]の「わけだ」は「動詞＋わけだ」
であるが、横田淳子(2002)の引用している[13]の「わけだ」は「形
容動詞＋わけだ」である。本来「ことになる」という形式は動詞に付
き、何かが決まったことや当然な帰結を表すものであり、「わけだ」
との言い換えは動詞に限られた問題なのであると思われる。形容
詞や形容動詞の場合はその意味からして「ことになる」が付かない
形式である。つまり、形態論的に形容詞や形容動詞は「ことになる」
が付かないのである。従って、寺村秀夫(1984)が指摘している
「わけだ」と「ことになる」の言い換えは、最初から動詞文に限られる
ものでなければならない。つまり、横田淳子(2001)が指摘してい

る「形容動詞+わけだ」の「ことになる」との言い換えは、その意味と関係なく不可能なことである。つまり、動詞文のように「ことになる」の付くことが可能な文でなければ「ことになる」との言い換えを想定することそれ自体が無意味になるのである。従って、横田淳子(2002)の寺村秀夫(1984)の批判はあまり意味をなさないと言えよう。しかし、「わけだ」は動詞文だけではないので、「わけだ」の「ことになる」との言い換えは、その点に注意して捉えなければならない。

　横田淳子(2002)は、「わけだ」と「ことになる」について、次のように述べている。

　　ワケダ・ハズダ・コトニナルはいずれも論理的帰結であるということを表現しているが、ワケダは帰結の必然性を主観的に断定する表現、ハズダは帰結の必然性を推論する主観的表現、コトニナルは帰結の必然性を客観的に述べる表現であるとまとめられる。(p.15)

横田淳子(2002)は、寺村秀夫(1984)と同様に、論理的帰結を表す「わけだ」と「ことになる」の意味の違いを「帰結の必然性を主観的に断定する表現」と「帰結の必然性を客観的に述べる表現」というように述べながら、「わけだ」と「ことになる」の言い換えの関係について詳しく捉え、次のようにまとめて示している。

204

| | A | ワケダ | コトニナル |
|---|---|---|---|
| 疑問形 | | ○ | ○ |
| ① 結果を表わす帰結用法 | 未知 | ○ | ○ |
| | 既知 | ○ | ×(○) |
| | 未確認過去 | ○ | × |
| ② 原因・理由を表わす帰結用法 | 既知 | ○ | × |
| | 未確認 | ○ | × |
| ③ 納得用法 | | ○ | × |
| ④ 捉え直し用法 | | ○ | ○ |
| ⑤ 派生用法 | | ○ | ×(○) |

以上で見られるように、横田淳子(2002)は両形式の言い換えが可能であっても、用法と意味が異なる場合(表の×(○))について、その違いはどういうことであるかについては、詳細に触れていない。


## 4. 「わけだ」と「ことになる」の違い

先行研究では「わけだ」と「ことになる」の意味について客観性と主観性という基準で捉えている。「わけだ」と「ことになる」は、双方ともある根拠になるものから自然な成り行きや当然なものとして導き出される帰結を表すため、根拠から得られた帰結への過程は客観的であると考えられる。「わけだ」と「ことになる」が表す帰結過程が客観的であるとしても、その表現内容はそれぞれ主観性・客観性

をもつことができる。従って、主観性と客観性という用語で「わけだ」と「ことになる」の両形式の相違点が分かりやすく説明しきれるのだろうかという疑問が残る。次の[96][97]の例文から考えてみよう。

> [14] a. 時差が四時間あるから、日本時間のちょうど正午につく<u>わけだ</u>。
>
> b. 時差が四時間あるから、日本時間のちょうど正午につく<u>ことになる</u>。
>
> [15] a. イギリスとは時差が8時間あるから、日本が11時ならイギリスは3時な<u>わけだ</u>。
>
> b. イギリスとは時差が8時間あるから、日本が11時ならイギリスは3時な<u>ことになる</u>。

[14][15]は「時差が四時間ある」「イギリスとは時差が8時間ある」という根拠に基づいて当然なこととして「日本時間のちょうど正午につく」「日本が11時ならイギリスは3時である」という帰結に導きだされたことが、[14]a.と[15]a.は「わけだ」によって、[14]b.と[15]b.は「ことになる」によって表現されている。先行研究では、「わけだ」は当然性を主観的に述べる表現、「ことになる」は当然性を客観的に述べる表現であると捉えている。同じく論理的帰結を表す、[14]a.と[15]a.の「わけだ」はある根拠から当然なこととして納得したものを表す表現であり、[14]b.と[15]b.の「ことになる」はある根拠から当然なこととして導かれる事実を述べる表現である。前者は当然な帰

206

結として自分が納得したことを表すため主観的、後者は当然に導
かれる事実を述べるため客観的であると捉えられる。一般に「わけ
だ」と「ことになる」を比べると確かに「わけだ」が「ことになる」より主観
性が強いと感じられる。しかし、他の類似形式である「のだ」「はず
だ」に比べるとどうなるのであろうか。先行研究では、「わけだ」と
「のだ」、「わけだ」と「はずだ」の違いについて、「わけだ」のほうが
客観的な表現、あるいは主観性の低い表現であると捉えている。
「わけだ」が場合によっては客観的な表現になり、場合によっては
主観的な表現になるというのは「わけだ」の考察がまだ不十分であ
るという証拠にもなると考えられる。話し手の心的態度を表すモダ
リティ形式の類似性を考察するにおいては、両形式の「主観」と「客
観」の定義をより明らかにする必要があると思う。


## 5.「わけだ」と「ことになる」の言い換え

　当然な帰結を表す「わけだ」と「ことになる」は、言い換えられる場
合と言い換えられない場合があり、「わけだ」と「ことになる」の言い
換えが可能かどうか、また、言い換えられる場合の両形式にはど
んな意味の違いが生じるかについて検討する必要がある。

> [16]　a.　石油の価格が上がるのは、中近東に問題があっ
> 　　　　て、石油の生産が 停滞しているわけだ。

　　　b.＊石油の価格が上がるのは、中近東に問題があっ
　　　　て、石油の生産が停滞している<u>ことになる</u>。

[17]　a. 30ページの宿題だから、一日に3ページずつやれ
　　　　ば10日で終わる<u>わけです</u>。

　　　b. 30ページの宿題だから、一日に3ページずつやれ
　　　　ば10日で終わる<u>ことになります</u>。

[18]　a. 冷房が「強」になっている。道理で寒い<u>わけだ</u>。
　　　b.＊冷房が「強」になっている。道理で寒い<u>ことになる</u>。

[19]　a. ピアノは全身で弾くものだ。つまり動物的な動きをす
　　　　る<u>わけだ</u>。

　　　b. ピアノは全身で弾くものだ。つまり動物的な動きをす
　　　　る<u>ことになる</u>。


　[16]～[19]は、理由([16]a.)、結果([17]a.)を表す帰結の「わけ
だ」、納得([18]a.)を表す「わけだ」、捉え直し([19]a.)を表す「わけ
だ」である。しかし、「わけだ」の4つの分類の中では、[16]～[19]
に見られるように、結果を表す帰結の「わけだ」と捉え直しを表す
「わけだ」の場合は「ことになる」に言い換えられるが、理由を表す
帰結の「わけだ」と、納得を表す「わけだ」は「ことになる」に言い換
えられないのである。ある事柄から当然な結果を表す帰結に導か
れる「ことになる」は[16]のように原因・理由を表す帰結に導かれる
ことはないため、言い換えが不可能である。また、「ことになる」に
は納得を表す機能がないため、[18]のようにある事実から既に

知っていることを納得する「わけだ」は「ことになる」に言い換えが不可能である。

　結果を表す帰結の「わけだ」は「ことになる」に言い換えが可能な場合と不可能な場合がある。

　　[20]　a.　ここから駅までバスで20分、そこから電車で10分。
　　　　　　　つまり、30分かかる<u>わけです</u>。
　　　　　b.　ここから駅までバスで20分、そこから電車で10分。
　　　　　　　つまり、30分かかる<u>ことになります</u>。
　　[21]　a.　A:　森さんは8年もフィランドに留学していたそうです
　　　　　　　　　よ。
　　　　　　　B:　へえ、そうなんですか。それならフィランド語は
　　　　　　　　　得意な<u>わけですね</u>。
　　　　　b.*A:　森さんは8年もフィランドに留学していたそうです
　　　　　　　　　よ。
　　　　　　　B:　へえ、そうなんですか。それならフィランド語は
　　　　　　　　　得意な<u>ことになりますね</u>。

[20]は「わけだ」と「ことになる」が言い換えができるものである。
[20]a.は「ここから駅までバスで20分、そこから電車で10分」という
情報から考えると当然なこととして「30分かかる」ということを納得し
て「わけだ」で表した表現であり、[20]b.は「ここから駅までバスで20
分、そこから電車で10分」という情報から考えると当然なこことして

「30分かかる」という帰結が導き出されたことを「ことになる」で表した表現である。しかし、[21]は「わけだ」と「ことになる」が言いかえができない場合である。[21]a.は「森さんは8年もヒィランドに留学していたそうです」という情報を聞いて話し手が「それならフィランド語は得意だ」と当然なこととして納得した「わけだ」であるが、「森さんは8年もフィランドに留学していたそうです」という情報から「それならフィランド語は得意だ」と誰でも認めてくれる当然な結果ではないため「ことになる」に言い換えはできない。つまり、同じく結果を表す帰結であるものの、「わけだ」は当然な結果を話し手が納得して表す表現であり、「ことになる」は当然な結果提示する表現であるが誰にも認めてくれる客観性がなければならのである。次の「捉え直しの用法」が言い換えが可能である場合と不可能な場合があることについても同じことが言えるであろう。

[22] a. A: このあいだ書いた小説、文学賞がもらえたよ。

　　　　 B: あなたもようやく実力が認められた<u>わけ</u>ね。

　　 b. A: このあいだ書いた小説、文学賞がもらえたよ。

　　　　 B: あなたもようやく実力が認められた<u>ことになる</u>ね。

[23] a. A: 田中くん、富士山登山に行くのやめるんだって。帰った次の日がゼミの発表だから準備しなくちゃいけないらしいよ。

　　　　 B: ふうん。要するに体力に自信がない<u>わけ</u>ね。

　　 b.*A: 田中くん、富士山登山に行くのやめるんだっ

　　　　て。帰った次の日がゼミの発表だから準備しな
　　　　くちゃいけないらしいよ。
　　B:　ふうん。要するに体力に自信がない<u>ことになる</u>
　　　　ね。


横田淳子(2002)は、「わけだ」と「ことになる」につく節が未知である
か、既知であるか、未確認過去であるかによって、結果を表す帰
結用法の「わけだ」を細分し、「ことになる」に言い換えられるか否か
を検討した。


　　[24]のように、「正午についた」人が他人の場合、「正午につ
　　いた」かどうかは話し手にとっては未確認の事柄になり、ハズ
　　ダが使える。ワケダの場合は、「正午についた」人が自分であ
　　る場合、つまり既知の事実の場合にも使えるし、他人である場
　　合、つまり未確認の事柄の場合にも使える。コトニナルは「結
　　果を表す帰結用語」の過去の事実には使うことができない。
　　[24]　時差が四時間あるから、日本時間のちょうど正午に
　　　　　ついた<u>わけだ</u>。○はずだ。×ことになる。(p.17)


横田淳子(2002)は、結果を表す帰結用法の「わけだ」につく節が
未知の場合は「ことになる」に言い換えられるが、[24]のように「わ
けだ」につく節が未確認過去の場合は「ことになる」に言い換えられ
ないと述べている。次の[25]からそれを検討することにする。


211

[25] 山田はその時刻に田中と学校で会っていましたから、
　　　彼は、犯行時刻には、現場にいなかった<u>わけです</u>。
[25]' 山田はその時刻に田中と学校で会っていましたから、
　　　彼は、犯行時刻には、現場にいなかった<u>ことになりま</u>
　　　<u>す</u>。

[25]は、「山田はその時刻に田中と学校で会っていました」という根拠から当然なこととして導き出された「彼は、犯行時刻には、現場にいなかった」という帰結を表す「わけだ」である。[25]は「わけだ」についた節「彼は、犯行時刻には、現場にいなかった」というところがまだ確認されていない未確認の過去のことである。しかし、[25]は、[25]'のように「山田はその時刻に田中と学校で会っていました」という根拠から当然なこととして「彼は、犯行時刻には、現場にいなかった」という帰結を表す「ことになる」に言い換えることができると思われる。つまり、結果を表す帰結用法の「わけだ」の中で、未確認の過去を表す場合は「ことになる」に言い換えられる場合が見られる。

## 6. 結び

「わけだ」と「ことになる」は、論理的帰結を表すという意味的な類似性から言い換えの関係にあると言われるが、ここでは両形式の

言い換えの可能性と可能な場合の意味を分析し、両形式の言い換えについて考察した。

　結果を表す帰結の「わけだ」と捉え直しの「わけだ」の場合は「ことになる」に言いかえができるが、「わけだ」はPを根拠にしてQを当然なこととして納得するものであるのに対し、「ことになる」はPを根拠にしてQを当然なこととして提示するものである。つまり、「わけだ」は当然な結果を納得(主観的な認識)として提示する表現であり、「ことになる」は当然な結果を客観的に提示する表現である。しかし、その主観と客観という意味は他の類似形式(のだ、はずだ、など)との比較において混乱を与える場合があり、より明確な意味の提示が必要であると思う。

　「わけだ」と「ことになる」が言い換えが可能な場合は「わけだ」はもちろん「ことになる」もモダリティ形式を表す領域に入り、外国人学習者に分かりやすく説明するためには、ある結果が論理的な帰結であるという話し手の心的態度を明確に提示すべきでろう。

213

# 終　章

　関連づけを表すモダリティ形式である「わけだ」は「のだ」と文法
的な役割と意味が類似しており、特に外国人日本語学習者にお
いてはその使い方を正しく理解できず、誤謬を犯す場合が少なか
らず見られる。そのためか、外国人学習者は「わけだ」を使うべきと
ころに「のだ」を使い、「わけだ」の意味を対話の場で適切に活かせ
ない場合も、さらに「わけだ」と言い換えられると言われる「はずだ」
「からだ」「ことになる」との意味的な違いを正しく理解せず、両形式
の言い換えに間違いを起こす場合もあると思われる。

　本書は「わけだ」の意味を正しく捉え、外国人学習者にも間違い
のない使い方ができるようにしようとするものであるが、そのため
に、先行研究を踏まえた上で、「わけだ」の文の構造から「わけだ」
の意味に関連する諸要素を捉え、「わけだ」の意味の総合的な分
析を試みた。さらに、本書は、「わけだ」とその類似形式との意味
関係についても考察した。

　「わけだ」の意味はPとQの関係から捉えられるものであるが、先
行研究は主としてPとQの関係が明確な場合を考察の対象にして

215

おり、PとQの関係が明確でない場合については詳しい考察を行っていない。従って、PとQの関係が明確に位置づけられないものは例外的なものとされ、「わけだ」の一般的な意味とは異なる別の形式のように捉えられている。しかし、考察の対象から外されている「わけ(だ)」があるものの、先行研究が行ってきたPとQの関係による「わけだ」の分析は、意味に具体性の欠けている部分があるにしても、大体において正しい捉え方であると思われる。

　「わけだ」には、まず、ある前提Pから推論すれば当然Qという帰結になるということを表すものがある。Qは原因・理由を表す場合もあれば、結果を表す場合もあるが、両方とも帰結であることからすれば同じ範疇のものであると言えよう。帰結として捉えられる「わけだ」が、「わけだ」の最も基本的な意味で、これを「わけだ」の意味1と規定する。「わけだ」の意味1を表す寺村(1984)の( i )を横田(2000)は三つに分けているが、結局「わけだ」の意味1は、ある前提Pから推論すれば当然Qという帰結になるということを表すものである。しかし、「わけだ」と「ことになる」との置換えの問題については、「わけだ」の接続する述語の属性が関係するということから、寺村(1984)の( i )を「動詞文に限ると訂正しなければならない」と述べたが、これに関してはもっと詳しい考察が必要で、続けて考察していくことにする。

　「わけだ」には、PとQの関係が「納得」あるいは「確認」を表すものがあり、これを「わけだ」の意味2として規定する。しかし、「納得」というのは、納得する言語表現なのか、つまり、納得の仕方なの

か、それとも納得した後の話し手の解釈とか評価のような表現なのか、先行研究からはその意味が定かではない。「わけだ」の意味2は、単純な結果提示ではなく、結果などの内容を話し手の立場で頷いたり納得したりする態度を表すものであると記述するのが正しいと思われる。

「わけだ」には前の文を言い換えるか、あるいは捉え直すかの意味として捉えられるものもあり、これを「わけだ」の意味3として規定する。「わけだ」の意味について、前の文の言い換え、または捉え直しであるという捉え方は、考えようによっては「結果」の意味として捉えられがちである。「わけだ」の意味3は単なる「言い換え・捉え直し」ではなく、「結果」から再解釈したもの、つまり、結果論的な話を色々な角度から再解釈したものであると捉える方がより自然な解釈であると思われる。結局「わけだ」の意味3は、結果から推論される再解釈、結果の再解釈と言うべきものであると思われる。

「わけだ」はまだその意味が明らかになっていないものがあり、先行研究ではこれらを派生用法というようにしてはっきりした意味規定をしていないが、本書は、これらもPとQの関係に違いがあるとはいえ、根本的なところでは既存の「わけだ」と同じような意味を持つものであると考えた。

「わけだ」は、関連づけを表し、関連づけられる先行文との関係からその意味を捉えるのが一般的である。しかし、「わけだ」の中には関連づけられる明示的な先行文が直接に現れていない場合や、当然な帰結としての位置づけが話し手の発言や判断による場

合などがある。明示的な先行文のない「わけだ」と根拠と帰結の関連づけが話し手の発言や判断による「わけだ」の意味について考えるために、本書では、先行文というものの位置づけと、先行文から導き出される当然な帰結という意味の解釈の仕方について考察した。

「先行文」というのは「わけだ」の文になるための文脈であればいいものであって、必ずしも先行文として「わけだ」の前に存在する必要はないのである。「わけだ」の先行文として働く文脈とは、明示的に現れていない事実でも、一般に通用する常識でもかまわないのである。

また、「わけだ」の帰結過程とは、客観的な外部の情報から導かれる場合もあるが、話し手の内部の情報、つまり、話し手の経歴や経験などから導かれる場合もあり、話し手が自分に関する事柄を述べる際に用いられる「わけだ」がそれに当たる。さらに、対話の中で相手の話や行為から話し手の主観的な判断によって結論づけられる、つまり、根拠から導き出される帰結への過程が客観的ではない「わけだ」の文もあり、本書ではこれらも合わせて「わけだ」の意味を決定する多様な要素を提示し、「わけだ」を総合的に捉えた。

結局、「わけだ」については、PとQの関連づけの在り方を正確に捉えることでその意味を明らかにすることができる。先行文であるPについての正しい位置づけ、PとQの関係が主観的に行われるのか、それとも、客観的に行われるのかということについての明確

218

な捉え方を通じて、本書は「わけだ」の意味を総合的に提示した。

　また、「わけだ」は多様な意味を持っており、類似した意味を持つ他の形式と言い換えられる場合がある。つまり、「わけだ」は「からだ」、「はずだ」、「ことになる」という形式と類似した意味を持っており、本書は「わけだ」とその類似形式との意味関係についても考察した。

　理由を表す文に「からだ」ではなく「わけだ」を用いた外国人学習者の誤用例は、両形式が表す理由の意味に違いがあることを示してくれる。「わけだ」が表す理由は、対象から納得し、それを理由として位置づけたもの、つまり、話し手が何か認識の過程を経て位置づけたまさにモダリティの形式であるのに対して、「からだ」が表す理由は、そのような認識の過程のない直接的な理由を表す形式であるという点が両形式の違いであると思われる。「わけだ」は納得の形として提示した理由の文で用いられるということである。納得の形で提示した理由の文で「わけだ」は「からだ」に言い換えられるが、言い換えられた「からだ」は「わけだ」が持っているモダリティ的な意味はなくなり、単なる理由を表す文になるのである。

　また、「わけだ」と「はずだ」は言い換えの関係にあると言われるが、本書では両形式の交替可能性と交替した場合の意味について分析を行った。

　両形式の交替が意味の類似性を保てば、両形式は言い換えの関係にある。当然な帰結だと断定するのと、推量するのとでは、どちらも推論過程上の当為性はあるものの、モダリティ的な意味は

219

異なっており、「わけだ」が「はずだ」に交替できるからといって両形式の意味が同じであるとは限らない。

「わけだ」はその意味に関係なく「はずだ」に言い換えられるが、その条件はPとQの関係が推量可能な場合である。QがPから推量できるものであれば、「わけだ」は「はずだ」に交替できる。つまり、両形式の交替は「わけだ」の意味によるというより、「わけだ」の命題、即ち、Qの推量可能性によると考えられる。しかし、起った結果を断定する場合と、起っていない結果を推量する場合においては、両形式それぞれの固有の意味を実現するのであると考えるのが自然であろう。

「わけだ」と「はずだ」は、PからQへの関連づけに意味的な差のない場合があるが、これは、納得のように推論過程からの断定がそのまま推量にもなり得る場合である。断定も推量も主観的な判断であるが、断定の「わけだ」と推量の「はずだ」のどちらを選択しても結果が同じである場合に、両形式は意味的な類似性から言い換えられる関係にあると言えるのである。つまり、当然な結果を推量の形で表現できる場合に、「わけだ」と「はずだ」は言い換えられるのである。

「わけだ」の類似形式には、また「ことになる」が挙げられる。「ことになる」は結果の帰結を表す形式で「わけだ」と言い換えの関係にあると言われるが、「ことになる」が結果を客観的に提示するのに対して、「わけだ」は結果を主観的な認識として提示するという点で両形式には異なる点があると考えられる。

220

　本書では「わけ」の用いられる形式の中で、主に「わけだ」を考察の対象にし、「わけではない」「わけがない」など「わけ」の用いられる他の形式については捉えていないが、これらの形式も「わけだ」の意味と通ずるものと考える。

# 【参考文献】

秋山庵然・村山康雄(2005)「疑問文に現れる「わけ」－他の疑問形との比較から－」『PROCEEDINGS, TwentiethAnnual Conference, SEAT (USA)』

市川保子(1997)『日本語誤用例文小事典』凡人社

井上優(2002)「モダリティ」『方言文法調査ガイドブック』

岩淵匡(2000)『日本語文法』百帝社

内田真理子(1998)『「～わけだ」の意味と用法』『京都外国語大学研究 論』50

大場美穂子(2013)「「わけだ」「わけではない」の用法についての一考察」『日本語と日本語教育』41

岡部寛(1994)「説明のモダリティ－「わけだ」と「のだ」の用法とその意味の違いの比 較の観点から－」『大阪大学日本学報』13

奥田靖雄(1992)「説明(その2)わけだ」『ことばの科学5』東京言語学研究会編 No.11 むぎ書房

柏木成章(2003)「「注目」と「語り」－「ものだ」「ことだ」「のだ」「わけだ」について－」『大東文化大学紀要。人文科学』Vol.4

柏崎雅代(1999)「「ことになる」「ことにする」の意味と用法その一「ことになる」」『東京外国語大学留学生日本語教育センター論集』26

角岡賢一(2012)「日本語説明モダリティとその否定形式について」『竜谷紀要』34(1)

北川千里(1995)「「わけ」というわけ」『日本語学』14-8

金水敏(2015)「日本語の疑問文の歴史素描」『国語研プロジェクトレビュー』Vol.5、No.3

グループ・ジャマシイ(1998)『日本語文型辞典』くろしお出版

白川博之(2005)「日本語学的文法から独立した日本語教育文法」コミュニケーションのための日本語教育文法, くろしお出版

小学館国語辞典編集部(2000)『日本国語大辞典 第2版』小学館

重見一行(2003)「「わけだ」文の基本的構造と多様性」『就実論叢』No.33 其の1

＿＿＿＿(2004)「いわゆる「説明のモダリティ」の構文と表現」『就実論叢』34

杉江厚美(2003)「「わけだ」と他の文末のモダリティ表現との違い－「のだ」との比較を通して－」『Journal CAJLE』Vol. 5

谷守正寛(1998)「ムードの「わけだ」再考」『鳥取大学教育学部研究報告。人文社会科学』Vol.49、No2

中野琴代(2000)「論理的モノローグに於ける「わけだ」文について」『下関市立大学論集』44(1)

永谷直子(2001)「「わけだ」と「のだ」関する考察－情報の把握を示す場合－」『早稲田大学大学院文学研究科 紀要』第3分冊 Vol.47

＿＿＿＿(2002)「「わけだ」に関する一考察－「わけ」の相対性に着目して－」『早 稲田日本語研究』No.10

＿＿＿＿(2003)「「わけだ」と「というわけだ」－形式名詞「わけ」に前接する「という」の機能を考える－」『早稲田日本語研究』No.11

＿＿＿＿(2004)「「関連づけ」を担う形式の分析－「わけだ」の連文的機能を考察する」『早稲田日本語研究』No.12

＿＿＿＿(2005)「「わけだ」の関連づけを再考する―関連づけの段階性という観点から」『日語日文学研究』第52輯、韓国日語日文学会

＿＿＿＿(2010)「話し手・聞き手の「領域」から見た「わけだ」」『東京大学留学生センター教育研究論集』16

仁田義雄(1989)「現代日本語のモダリティの体系と構造」『日本語のモダリティ』くろしお出版

＿＿＿＿(1991)『日本語のモダリティの人称』ひつじ書房

日本語教育学会(1982)『日本語教育事典』大修館書店

日本語記述文法研究会(2003)『現代日本語文法4 第8部 モダリティ』くろしお出版

野田春美(1997)『「の(だ)」の機能』日本語研究叢書9 くろしお出版

許夏玲(2002)「文末の「カラ」と「カラダ」の意味用法－「ノダ」の用法との比較を通して－」『言語文化論集』23(2)

田野村忠温(1990)『現代日本語文法Ⅰ「のだ」の意味と用法』和泉書院

寺村秀夫(1986)『日本語のシンタクスと意味Ⅱ』くろしお出版

前田直子(1995)『日本語類似表現の文法(下)』くろしお出版

＿＿＿＿(2006)『新版日本語教育辞典』大修館書店

224

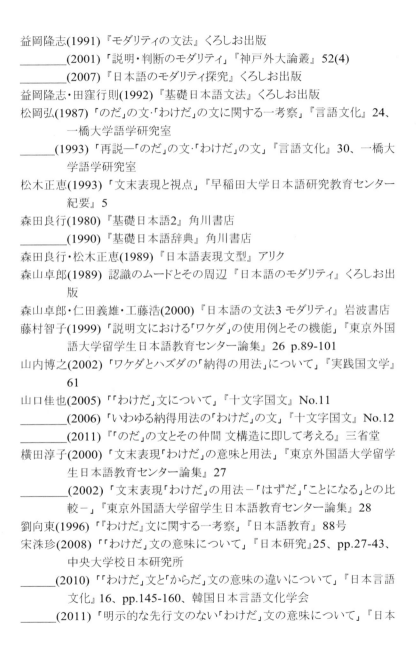

益岡隆志(1991)『モダリティの文法』くろしお出版

_____(2001)「説明・判断のモダリティ」『神戸外大論叢』52(4)

_____(2007)『日本語のモダリティ探究』くろしお出版

益岡隆志・田窪行則(1992)『基礎日本語文法』くろしお出版

松岡弘(1987)「のだ」の文・「わけだ」の文に関する一考察、『言語文化』24、
　　　一橋大学語学研究室

_____(1993)「再説—「のだ」の文・「わけだ」の文」『言語文化』30、一橋大
　　　学語学研究室

松木正恵(1993)「文末表現と視点」『早稲田大学日本語研究教育センター
　　　紀要』5

森田良行(1980)『基礎日本語2』角川書店

_____(1990)『基礎日本語辞典』角川書店

森田良行・松木正恵(1989)『日本語表現文型』アリク

森山卓郎(1989) 認識のムードとその周辺『日本語のモダリティ』くろしお出
　　　版

森山卓郎・仁田義雄・工藤浩(2000)『日本語の文法3 モダリティ』岩波書店

藤村智子(1999)「説明文における「ワケダ」の使用例とその機能」『東京外国
　　　語大学留学生日本語教育センター論集』26 p.89-101

山内博之(2002)「ワケダとハズダの「納得の用法」について」『実践国文学』
　　　61

山口佳也(2005)「「わけだ」文について」『十文字国文』No.11

_____(2006)「いわゆる納得用法の「わけだ」の文」『十文字国文』No.12

_____(2011)『「のだ」の文とその仲間 文構造に即して考える』三省堂

横田淳子(2000)「文末表現「わけだ」の意味と用法」『東京外国語大学留学
　　　生日本語教育センター論集』27

_____(2002)「文末表現「わけだ」の用法—「はずだ」「ことになる」との比
　　　較—」『東京外国語大学留学生日本語教育センター論集』28

劉向東(1996)「『わけだ』文に関する一考察」『日本語教育』88号

宋洙珍(2008)「「わけだ」文の意味について」『日本研究』25、pp.27-43、
　　　中央大学校日本研究所

_____(2010)「「わけだ」文と「からだ」文の意味の違いについて」『日本言語
　　　文化』16、pp.145-160、韓国日本言語文化学会

_____(2011)「明示的な先行文のない「わけだ」文の意味について」『日本

　　　言語文化』19、pp.161-177、韓国日本言語文化学会

＿＿＿(2013)「「わけだ」文と「はずだ」文の意味の違いについて」『日本言語文化』27、pp.257-278、韓国日本言語文化学会

＿＿＿(2015)「疑問文に現れる「わけ」について」『日本言語文化』33、pp.123-136、韓国日本言語文化学会

# 【用例出典】

有村佳郎『新 式辞・あいさつ事典』日東書院 1990

生田目弥寿『(日本語教師のための)現代日本語表現文典』凡人社 1996

泉原省二『日本語類義表現使い分け辞典』研究社 2007

貴志祐介『青の炎』角川文庫 2004

『教師用日本語教育ハンドブック④ 文法Ⅱ』凡人社 2001

グループ・ジャマシイ『日本語文型辞典』くろしお出版 1998

国際交流基金日本語国際センター『教師用日本語教育ハンドブック4 文法Ⅱ』凡人社 2001

坂木司『和菓子のアン』光文社 2012

坂田雪子・倉持保男『学習者の発想による日本語表現文型例文集ー初級後半から中級にかけてー』凡人社 1996

佐倉朔「死の認識と葬儀の発生」進化人類学分科会シンポジウム 2000

高橋源一郎『日本文学盛衰史』講談社 2004

血液型恋愛分析班『最新血液型恋愛トレンディゲーム』竹書房1 992

日本語記述文法研究会『日本語表現文型』くろしお出版 1989

日本語記述文法研究会 『現代日本語文法④ 第8部モダリティ』くろしお出版 2003

益岡隆志・田窪行則『基礎日本語文法ー改定版ー』くろしお出版 1992

芳賀綏・佐々木瑞枝・門倉正美『あいまい語辞典』東京堂出版 1996

# 【関連論文一覧】

第1章「わけだ」の構造
・「「わけだ」文の意味について」『日本研究』25、2008、pp.27-43、中央大学校 日本研究所

第2章「わけだ」の先行研究
・「「わけだ」文の意味について」『日本研究』25、2008、pp.27-43、中央大学校日本研究所

第3章「わけだ」の意味
・「明示的な先行文のない「わけだ」文の意味について」『日本言語文化』19、2011、pp.161-177、韓国日本言語文化学会
・「疑問文に現れる「わけ」について」『日本言語文化』33、2015、pp.123-136、韓国日本言語文化学会

第4章「わけだ」と「からだ」
・「「わけだ」文と「からだ」文の意味の違いについて」『日本言語文化』16、2010、pp.145-160、韓国日本言語文化学会

第5章「わけだ」と「はずだ」
・「「わけだ」文と「はずだ」文の意味の違いについて」『日本言語文化』27、2013、pp.257-278、韓国日本言語文化学会

## 著者略歴

### ▌宋 洙珍

- 文学博士(日本語学 専攻)
- 仁荷大学 日本言語文化学科 講師
- 文教大学大学院付属 言語文化研究所 客員研究員
- 韓国日本言語文化学会 企画理事、編集委員会の幹事

研究業績:

**【韓国】**

- 「「わけだ」文の意味について」(共著)『日本研究』25、2008、中央大学校日本研究所
- 「「わけだ」文と「からだ」文の意味の違いについて」(共著)『日本言語文化』16、2010、韓国日本言語文化学会
- 「明示的な先行文のない「わけだ」文の意味について」(共著)『日本言語文化』19、2011、韓国日本言語文化学会
- 「「「わけだ」文と「はずだ」文の意味の違いについて」」(共著)『日本言語文化』27、2013、韓国日本言語文化学会
- 「疑問文に現れる「わけ」について」(共著)『日本言語文化』33、2015、韓国日本言語文化学会
- 「モダリティ形式の韓国語訳について−「わけだ」を中心に−」(共著)『日本言語文化』41、2017、韓国日本言語文化学会
- 「日韓両国における放送の言語使用の様相」『日本言語文化』45、2018、韓国日本言語文化学会
- 「韓国における日本語文法教材に現れる「わけだ」の教育について」『日本言語文化』49、2019、韓国日本言語文化学会
- 「大学の日本語教養教育教材に現れる条件表現について」(共著)『日本言語文化』54、2021、韓国日本言語文化学会
- 「学術誌の論文審査制度について−『日本言語文化』の分析を通じて−」『日本言語文化』54、2021、韓国日本言語文化学会
- 「韓国の高校・大学の日本語教育テキストにおける「わけだ」の分析」『日本言語文化』58, 2022、韓国日本言語文化学会

**【日本】**

- 「椙山女学園大学文化情報学部における韓国研修−2015年度、2017年度の取り組みと今後−」(共著)『文化情報学部紀要』18、2019、椙山女学園大学文化情報学部
- 「韓国語研修をめぐる新たな課題と対処−二国間関係の悪化と感染症拡大をめぐって−」(共著)『文化情報学部紀要』20、2020、椙山女学園大学文化情報学部

**翻訳書**

- 『女学生』赤川二郎 著, 牟世鐘・宋洙珍 訳、2008、AMHBOOK
- 『美女』連城三紀彦 著, 牟世鐘・宋洙珍 訳、2011、AMHBOOK

## 日本語の「わけだ」文の研究

| 初 版 印 刷 | 2022년 09월 14일 |
|---|---|
| 初 版 発 行 | 2022년 09월 21일 |

| 著　　　者 | 宋洙珍 |
|---|---|
| 発 行 者 | 尹錫賢 |
| 発 行 所 | J&C Publishing company |
| | 353, Uicheon-ro, Dobong-gu, Seoul, Korea |
| | Tel: 02) 992 / 3253　Fax: 02) 991 / 1285 |
| | http://www.jncbms.co.kr |
| | jncbook@hanmail.net |

ⓒ 宋洙珍 2022 Printed in KOREA.

ISBN 979-11-5917-223-6　　93730　　　　　　　　　정가 20,000원